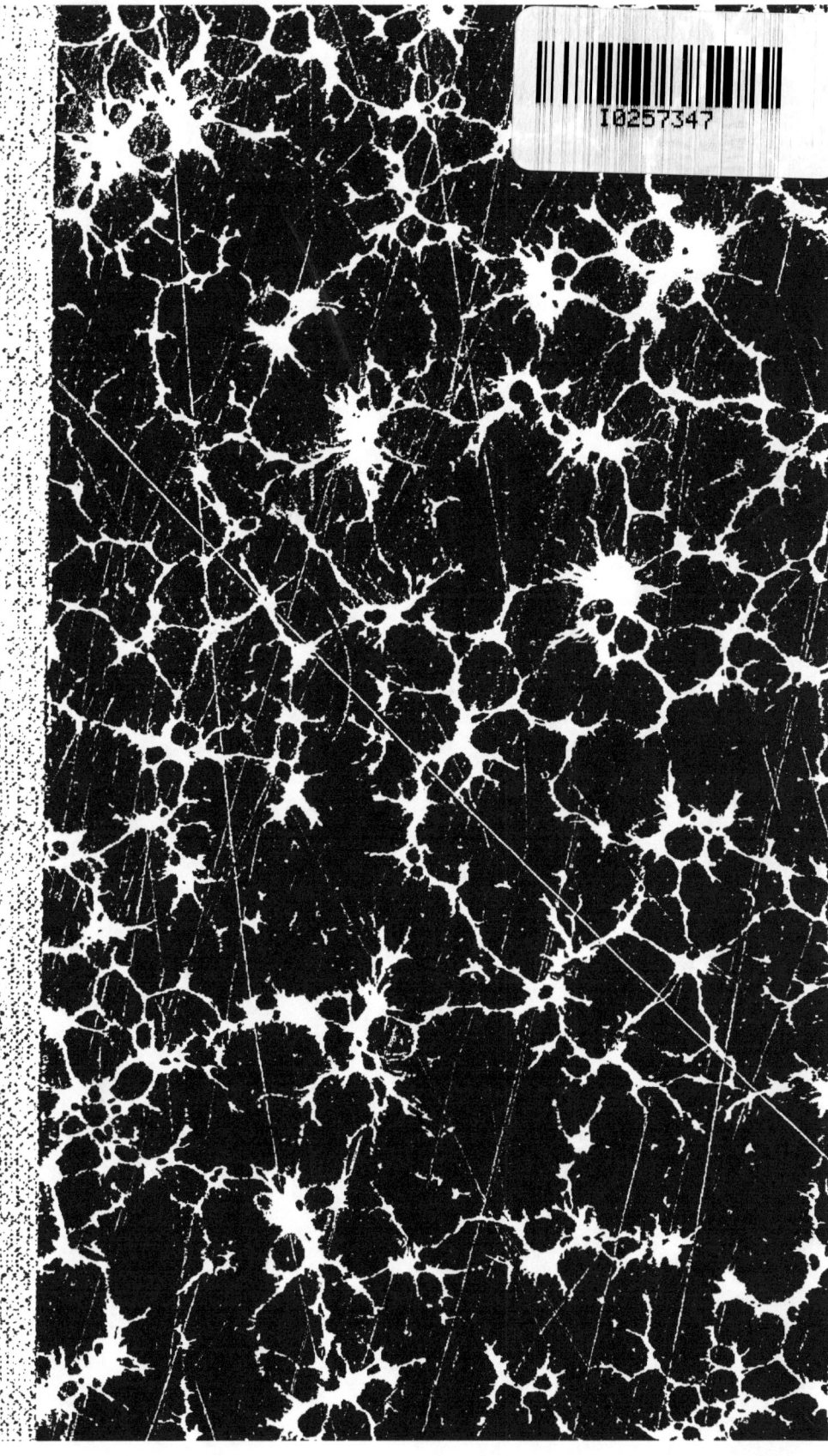

PIERRE WOLFF

# Amants
## et
# Maîtresses

TROISIÈME ÉDITION

PARIS
PAUL OLLENDORFF, ÉDITEUR
28 BIS, RUE DE RICHELIEU, 28 BIS

1896

*Tous droits réservés.*

# AMANTS ET MAITRESSES

## DU MÊME AUTEUR

**Le cheval d'Aristote,** comédie en 1 acte.

**Jacques Bouchard,** comédie en 1 acte. — (*Théâtre-Libre*).

**Leurs Filles,** comédie en 2 actes. — (*Théâtre-Libre et Gymnase*).

**Les Maris de leurs Filles,** comédie en 3 actes. — (*Théâtre-Libre*).

**Celles qu'on respecte,** comédie en 3 actes. — (*Gymnase*).

**Le Rossignol,** comédie en 1 acte. — (*Ambigu*).

**Ceux qu'on aime,** comédie en 3 actes. — (*Comédie-Parisienne*).

**Fidèle !** pièce en 1 acte. — (*Théâtre-Français*).

---

*Tous droits de traduction et de reproduction réservés pour tous les pays, y compris la Suède et la Norvège.*

*S'adresser, pour traiter, à* M. Paul Ollendorff, *Éditeur, rue de Richelieu, 28 bis, Paris.*

PIERRE WOLFF

# Amants et Maîtresses

TROISIÈME ÉDITION

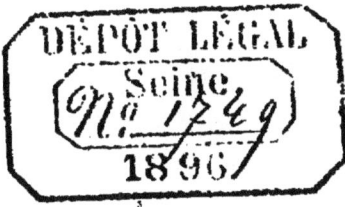

PARIS
PAUL OLLENDORFF, ÉDITEUR
28 BIS, RUE DE RICHELIEU, 28 BIS

1896
*Tous droits réservés.*

*Il a été tiré à part cinq exemplaires sur papier de Hollande, numérotés à la Presse.*

# AMANTS ET MAITRESSES

## COMME ILS SONT TOUS

PERSONNAGES :

ARMAND.
LÉON.
MARCELLE.
THÉRÈSE.

### SCÈNE PREMIÈRE

ARMAND, LÉON

**Chez Armand**

ARMAND, *à Léon qui entre*. — Bonjour, toi.
LÉON. — Bonjour, mon vieux, comment vas-tu ?
ARMAND. — Mais pas mal.
LÉON. — Quoi de neuf ?
ARMAND. — Peuh ?... pas grand'chose !... Si, j'ai été au cercle hier au soir.
LÉON. — Tu joues donc, maintenant ?

ARMAND. — Mon Dieu, oui, de temps en temps... je dépense beaucoup en ce moment.

LÉON. — Pour Hortense ?

ARMAND. — T'es pas fou!.,. je l'ai lâchée, Hortense.

LÉON. — Allons donc! Oh!... pauvre petite femme !

ARMAND. — Quoi : pauvre petite femme! si tu la plains tant, prends la succession... elle est libre.

LÉON. — Tu es bien gentil... mais je te remercie. (*Un temps.*) Et pourquoi cette rupture ?

ARMAND. — J'en avais jusque-là.

LÉON. — Alors, maintenant tu es seul, tu es veuf ?

ARMAND. — Non... j'en ai une autre.

LÉON. — Blagueur !

ARMAND. — Il n'y a pas de « blagueur » là-dedans... et je suis tombé sur une femme... Ah! aïe... aïe !

LÉON. — Quel genre ?

ARMAND. — Quel genre? ah! bien, mon cher, celle-ci ne ressemble pas à l'autre, je te le garantis. (*Un temps.*) Tu sais comme Hortense était simple ?

LÉON. — Oui... et c'est ce qui me plaisait en elle.

ARMAND. — Naturellement, tu as des goûts bourgeois, toi.

Léon. — Peut-être. Et cette dernière, qu'a-t-elle de particulier?

Armand. — Ce qu'elle a? mais des tas de choses mon ami, des tas de choses! D'abord elle est vêtue d'une façon remarquable, ni plus ni moins... et des bijoux!... Ah! là, là, que de bijoux!... et puis elle vous a un je ne sais quoi!... et, par-dessus le marché, elle vous a des idées d'un large!...

Léon. — S'il n'y a que les idées, ça va bien.

Armand. — Oh! pas d'esprit, je t'en prie!

Léon. — Donc, c'est une femme calée?

Armand. — Je te crois. Elle connait tout le monde. Hier au soir, par hasard, nous nous sommes couchés de très bonne heure... eh bien! ça a été, depuis trois semaines que nous sommes ensemble, la soirée la plus charmante que j'aie passée avec elle!... nous avons bavardé jusqu'à deux heures et demie du matin.

Léon. — Sacrédié!... j'espère que vous avez coupé ça par des rafraîchissements!...

Armand. — Ah! mon cher, que je me suis donc amusé!... nous n'avons parlé que de ses anciens amants!... elle en a eu d'épatants!... un surtout : le prince Burloff...tu connais ça,toi,le prince Burloff?

Léon. — Non, du tout, ma foi.

Armand. — Moi non plus, du reste... eh bien! elle a été avec lui pendant trois ans.

Léon. — Et pourquoi l'a-t-il quittée?

Armand. — D'abord c'est elle qui l'a lâché.

Léon. — Qu'elle dit.

Armand. — Quoi : qu'elle dit? parfaitement, c'est elle.

Léon. — Et la raison?

Armand. — Ça... elle a juré sur la vie de sa mère qu'elle ne me le dirait jamais.

Léon. — Tiens... c'est drôle.

Armand. — Je ne trouve pas. Ça prouve que c'est une femme propre... Elle n'éreinte pas les gens qu'elle ne voit plus, voilà tout... et ces sortes de femmes-là sont rares.

Léon. — Allons, je m'aperçois que tu es tout à fait emballé!

Armand. — Oui, emballé est le mot. Et si tu voyais quand nous allons au théâtre! c'est un bonheur pour moi! Toutes les lorgnettes sont braquées sur elle, et pendant les entr'actes, dans les couloirs, on nous suit pas à pas... Ah! ça vous pose un homme, ça, mon vieux.

Léon. — Ou ça le rend grotesque... il n'y a pas de milieu.

Armand. — Ça le rend grotesque? tu voudrais bien être à ma place.

Léon. — Tu crois?

Armand. — J'en suis sûr. (*Un temps.*) Du reste,

elle est très délicate. Jamais, quand nous sommes ensemble quelque part, elle ne salue quelqu'un! Elle connaît tout Paris, oui, mais, comme elle a peur de me contrarier, elle passe indifférente devant...

Léon. — Tu la reçois ici?

Armand. — Oui, elle est en train de faire arranger un petit hôtel qu'elle a aux Champs-Élysées!

Léon. — Mazette!

(*Coup de sonnette.*)

Armand. — On sonne, ça y est, c'est elle.

Léon. — Mais saperlipopette, tu n'as pas les moyens de te mettre avec une femme comme ça... c'est idiot!

Armand. — Oh! pas de morale, je t'en prie, hein? je déteste ça... et puis elle a pas mal d'argent de côté... alors...

## SCÈNE II

### LES MÊMES, MARCELLE

Marcelle. — Bonjour, mon loup.

Léon, *à part*. — Sophie!

Armand. — Bonjour, mon chéri.

Léon. — Ma chère petite femme, je te présente un vieil ami : Léon Ducroc... M<sup>lle</sup> Marcelle de Falençon.

MARCELLE. — Monsieur!... Et maintenant que la présentation est faite : as-tu l'avant-scène pour ce soir?

ARMAND. — Comme c'est une première, je n'ai pu avoir que deux fauteuils de balcon.

MARCELLE. — Naturellement... Eh bien! je n'irai pas.

ARMAND. — Pourquoi?

MARCELLE. — Inutile de me demander pourquoi, ni de faire la bête!

LÉON, à part. — Elle est charmante.

MARCELLE. — Tu sais parfaitement que je ne vais au théâtre que dans des loges ou dans des avant-scènes.

LÉON. — Mais, ma chérie, je t'assure qu'il y a des gens très chics, très cotés...

MARCELLE. — Assez, ça suffit. Ah! non, elle est gaie, celle-là! Au revoir, il est huit heures un quart, je fais une course et je reviens... arrange-toi comme tu pourras. Je vous prie de m'excuser, monsieur.

LÉON. — Mais, madame...

MARCELLE. — A tout à l'heure. (*Elle sort.*)

## SCÈNE III

### ARMAND, LÉON

LÉON, *éclatant de rire*. — Ah! non, je n'en pouvais plus! j'allais éclater! Dieu de Dieu, quelle est bonne!

ARMAND, *ahuri*. — Quoi, quoi, qu'est-ce que tu as?

LÉON. — C'est cette femme-là qui a été avec des princes?

ARMAND. — Eh bien! oui... tu m'embêtes à la fin!

LÉON. — Mais elle t'a roulé comme un enfant, mon pauvre vieux... et dans les grands prix encore!

ARMAND. — Ah çà! parleras-tu? qu'est-ce qu'il y a?

LÉON. — Mais c'est Sophie, c'est un ancien modèle! elle posait il y a encore six mois dans les ateliers!

ARMAND. — Qu'est-ce que tu me chantes là?

LÉON. — La vérité, ni plus, ni moins. Elle, un hôtel? C'est à crever de rire! une chambre dans un hôtel meublé, oui.

ARMAND. — Allons, tu es fou!

LÉON. — Du tout. Demande à Baudait : c'est elle

qui a servi pour son tableau du Salon : tu te souviens bien... la femme nue qui jonglait avec des oranges.

Armand. — Cré bon chien! c'était elle? tu es sûr?

Léon. — Absolument. Mais bast, qu'est-ce que ça fait, tu l'aimes, c'est l'essentiel.

Armand. — Tu crois? attends un peu et tu vas voir comment je vais lui parler!

Léon. — Alors, trouvant inutile d'assister à la petite représentation qui va suivre, je te laisse.

Armand. — Comme tu voudras.

Léon. — Au revoir, pauvre vieux!

Armand. — Au revoir.

## SCÈNE IV

ARMAND *seul. Puis* MARCELLE

Armand. — Ça, c'est le bouquet! Et moi qui me figurais m'être mis avec une femme connue! Ah! là, là, ce qu'elle a dû rire de moi, c'est un plaisir rien que d'y penser!

Marcelle. — Et me voilà, mon chéri. As-tu ce que je t'ai demandé?

Armand, *serrant les dents*. — Et te voilà?

Marcelle. — Oui, pourquoi?

Armand. — Et-te-voilà?

Marcelle. — Qu'est-ce que tu as?

Armand. — Ce que j'ai? Ah! non, assieds-toi donc, je t'en supplie.

Marcelle. — Qu'est-ce qui te prend?

Armand. — Je vais te le dire. Que m'as-tu raconté hier au soir?

Marcelle. — Hier soir?

Armand. — Oui... rappelle-toi.

Marcelle. — Je ne me souviens pas.

Armand. — Tu ne te souviens pas? elle est comique!... tu ne te souviens pas?... Eh bien, attends un peu, je vais te rafraîchir la mémoire, moi.

Marcelle. — Dis donc, quel est ce ton, je te prie? Je m'en vais.

Armand. — Pas avant de m'avoir écouté. T'es-tu assez fichu de moi! t'es-tu assez payé ma tête! Quand je pense que tu as été modèle! Ah! tu ne ris plus maintenant! Je comprends cela, du reste. Et moi, moi qui croyais — bonne bête que je suis, — avoir à mon bras une femme... comment dirais-je?... une femme classée... une femme connue... Ah! là, là, ce qu'on peut se tromper tout de même!... Des princes, toi! Des peintres de quatre sous, oui... et voilà ce que tu m'apportes à moi... un homme propre!

Marcelle. — Toi, un homme propre!... Allons,

mon cher, tu es excusable parce que tu es en colère et que dans ces moments-là il est permis de lancer des phrases à tort et à travers!... toi, un homme propre? des bêtises! et si tu raisonnais froidement, tu ne dirais pas une pareille stupidité.

Armand. — Tu as trop d'esprit, ma chère.

Marcelle. — Et toi, pas assez... voilà ce qui nous sépare.

Armand. — Ça ne m'étonne plus maintenant si personne ne te disait bonjour! Je suis délicate, disais-tu, et j'aime mieux ignorer tout le monde quand je suis avec toi! Mensonges! Toi, un hôtel aux Champs-Élysées? Ah! ah! c'est à crever de rire! une chambre dans un hôtel meublé, oui, et encore! Et cette bonne que tu as fourrée chez moi sous prétexte de t'aider le matin?... sans doute que tu partages avec elle les gages que je lui donne! c'est peut-être ta sœur, ta cousine, après tout!... Est-ce qu'on sait? Attends un peu ce que je vais te la flanquer à la porte, celle-là! (*Il sonne.*)

Marcelle. — Oh! c'est trop fort!

Armand. — Oh! pas d'attaque de nerfs, s. v. p., hein?

## SCÈNE V

### LES MÊMES, THÉRÈSE

Thérèse. — Monsieur a sonné?

Armand. — Non, c'est le charbonnier d'en face ou les gens qui habitent au-dessus... qui voulez-vous que ce soit?

Thérèse. — Je ne sais pas, monsieur.

Armand. — Eh bien! sachez ceci : vous allez faire votre malle...

Thérèse. — Monsieur me renvoie?

Armand. — Vous l'avez dit. Voilà vos cinquante francs, bonsoir.

Thérèse. — Je ferai remarquer à monsieur que c'est soixante.

Armand. — Soixante! quoi, soixante? depuis quand?

Thérèse. — Depuis le mois dernier... Madame m'a augmentée.

Armand. — C'est ça, c'est charmant, adorable!

Thérèse. — Oh! puis après tout, gardez-les vos dix francs... en voilà des manières!

Armand. — Vous allez vous taire, hein?

Thérèse. — Me taire? faudrait voir! C'est pas parce que je ne suis qu'une domestique qu'il faut m'asticoter, vous savez !... je commence à en avoir plein le dos, de votre boîte, moi !... en voilà des histoires ! c'est pire qu'une ménagerie, ici ! en voilà encore un ! ah ! ben vrai ! pour sûr que je m'en vas ! Ah ! là, là, faut rudement que madame ait du courage pour rester avec un coco comme vous... et je vous l'envoie pas dire !... Ah ! pour sûr que je m'en vas... et tout de suite encore.

Armand, *la bousculant*. — Allons, oust.

Thérèse. — Oui... mais touchez pas, hein ?... là... (*Elle sort.*)

## SCÈNE IV

### ARMAND, MARCELLE

Armand. — Et d'une.

Marcelle. — Et de deux, car je m'en vais, moi aussi. Cependant, pas avant de vous avoir dit deux mots.

Armand. — Oui, j'ai deviné... vous voulez de l'argent... on vous en donnera.

Marcelle. — Gardez-le pour vous, votre argent. Vous n'êtes qu'un sot. Vous m'aimiez parce que vous vous étiez figuré que j'avais eu avant vous des amants plus posés et plus riches que vous ne l'êtes ; j'aurais eu quarante-neuf ans au lieu d'en

d'en avoir vingt-huit, vous m'eussiez aimée autant
j'en suis persuadée. Vous vouliez une maîtresse
pour les autres, pour la galerie, pour qu'on puisse
dire : « Tiens, Armand, il est avec Chose, vous
savez ». Vous êtes comme tous les jeunes gens. Et
si je vous ai menti, c'est parce que j'ai vu que cela
vous faisait plaisir. Sur ce, bonsoir .. encore une
fois vous n'êtes qu'un nigaud. (*Elle sort.*)

Armand, *seul*. — Elle était gentille !... C'est peut-
être vrai, après tout, que je ne suis qu'un nigaud !

# LES DRAPS DE GENEVIÈVE

―――

MARIA, *après avoir tiré les rideaux.* — Madame ?... Madame ?... faut se lever.

GENEVIÈVE, *sortant la tête de dessous les couvertures.* — Quoi ? Qu'est-ce qu'il y a ?

MARIA. — Faut se lever.

GENEVIÈVE. — Quelle heure est-il ?

MARIA. — Midi plus le quart.

GENEVIÈVE. — Je suis va... (*Elle bâille*) vannée !

MARIA. — Eh ben ! et M$^{me}$ Alice qui vient déjeuner ?

GENEVIÈVE. — Tiens ! c'est vrai... (*On gratte à la porte.*) Ouvrez donc à Kikite.

MARIA. — Kikite ! parlons-en.

GENEVIÈVE. — Qu'est-ce qu'elle a encore fait ?

MARIA. — Ce qu'elle a fait ! c'te petite cochonne a encore pissé dans le salon.

GENEVIÈVE. — Vous ne l'aviez donc pas descendue ?

MARIA. — C'est que je rêve... Mais depuis que le

froid est arrivé, M^lle Kikite ne veut plus faire ses besoins dehors.

GENEVIÈVE. — C'est qu'elle est intelligente !

MARIA. — Je ne dis pas le contraire... Mais si vous croyez que c'est amusant...

GENEVIÈVE, *à Kikite qui a sauté sur le lit.* — Vilaine ! sale !... Elle comprend tout !... Vous savez que votre mère finira par ne plus vous aimer, si ça continue ? (*Coup de langue sur le nez.*)

MARIA. — C'est-y Dieu possible de se laisser lécher comme ça ! Et elle arrange les draps, oui !... des propres d'hier, par-dessus le marché !

GENEVIÈVE. — Ça fait rien... faudra pas remettre ceux-là ce soir.

MARIA. — Ah !

GENEVIÈVE. — Je passe ma soirée avec Duclaqué.

MARIA. — M. le comte ?

GENEVIÈVE. — Oui... Un œuf et du thé demain matin, hein ?

MARIA. — Bon.

GENEVIÈVE, *s'asseyant sur le lit.* — Mes bas et mon peignoir rose ? (*Elle se lève. Coup d'œil dans la glace. Un peu d'eau sur les yeux. De la poudre.*) Là, ça y est.

MARIA. — Tenez, tenez, madame !...

GENEVIÈVE. — Quoi !

MARIA. — Elle repisse !

GENEVIÈVE, *après avoir remonté ses bas.* — Venez ici... voulez-vous venir ici ?... (*La chienne s'approche en rampant, et, par peur, cette fois, décrit un petit ruisseau tout en avançant.*) Attrape !... (*L'embrassant vivement.*) Chérie, va !

MARIA. — V'là Mme Alice : on a sonné. Faut-il la faire entrer ici ?

GENEVIÈVE. — Mais oui. (*Nouveau coup d'œil dans la glace.*)

ALICE. — Bonjour, toi.

GENEVIÈVE. — Bonjour.

ALICE. — Je suis en retard, hein ?

GENEVIÈVE. — Je me lève, ma chérie.

ALICE. — Mazette ! les beaux draps ! tu te mets bien ! Combien as-tu payé ça ?

GENEVIÈVE. — Ma foi, me souviens plus.

ALICE. — Mince de dentelles ! ce que t'es chouette !

GENEVIÈVE. — Le gosse a pourtant assez crié !

ALICE. — Quelle gosse ?

GENEVIÈVE. — Georges.

ALICE. — Ça marche toujours, donc ?

GENEVIÈVE. — Oui.

ALICE. — Et rapport à quoi qu'il a crié ?

GENEVIÈVE. — La dentelle énerve Monsieur et le chatouille.

ALICE. — Pauvre mignon !... Moi, je viens de m'en acheter en satin noir.

Geneviève. — Non !

Alice. — Parole.

Geneviève. — On doit rien glisser.

Alice. — Quand on est dedans, ma chère, on se figure être dans de la crème ! Ce que c'est rigolo !

Geneviève. — Et ils aiment ça ?

Alice. — Qui ?

Geneviève. — Eux ?

Alice. — Je n'en sais rien... Ça les change, en tout cas.

Geneviève. — Au fond, tu as raison, faut les épater : il n'y a que ça de vrai.

Alice. — Pour sûr.

Geneviève. — Ainsi, chez moi, ils ont chacun leurs draps.

Alice, *éclatant de rire*. — Tu n'es pas blagueuse à moitié, toi !

Geneviève. — Je te le jure, là.

Alice. — Alors, tu en as des tas !

Geneviève, *froissée*. — Dis donc.

Alice. — Je plaisante, voyons. Et quand tu le leur dis, ils le croient.

Geneviève. — Tiens, je le leur prouve.

Alice. — Comment ça ?

Geneviève. — Ah ! voilà ; c'est mon secret.

Alice. — Oh ! tu peux me le confier.

Geneviève, *en se passant la main sous le menton.*
— Des nèfles.

Alice. — Eh bien! t'es pas chic.

Geneviève. — Allons, viens déjeuner.

(*Cinq heures : un tour de bois. Six heures : toilette du soir compliquée. Huit heures : dîner. Neuf heures à minuit et demi : concert ou autre divertissement. Retour.*)

Duclaqué. — Tu t'est fait photographier ?

Geneviève. — Jolie, pas ?

Duclaqué. — Faudra que tu m'en donnes une ?

Geneviève. — Si tu veux, mon mignon.

Duclaqué. — Et avec quelque chose derrière.

Geneviève. — Entendu. Je te laisse une minute.

Duclaqué. — Où vas-tu ?

Geneviève. — Chercher Kikite.

Duclaqué. — Encore ! Pas dans le lit ! Elle est gentille, Kikite... mais il y a des moments où elle me rase.

Geneviève. — Bon... bon.

Duclaqué, *s'approchant près du lit.* — Et puis tu sais...

Geneviève. — Qu'est-ce qui arrive ?

Duclaqué, *hochant la tête.* — Tes draps...

Geneviève. — Quoi, mes draps ? Qu'est-ce qu'ils ont ?

Duclaqué. — Permets-moi de te dire qu'ils sont plutôt fripés.

Geneviève. — Fripés! C'est toi qui es fripé!... D'abord tu sauras, mon cher, que ce sont ceux de la dernière fois.

Duclaqué, *riant*. — Ah! non, non, ce que tu as du toupet! il y a un mois que je ne t'ai pas vue!... et je suppose que tu les changes de temps en temps; alors...

Geneviève. — Y a pas d' « alors »! Il y a un mois... et puis après? espèce de grande bête!

Duclaqué. — Que veux-tu?... C'est plus fort que moi; rien qu'en pensant qu'un autre...

Geneviève, *furieuse*. — Ce sont les tiens, là! quand tu feras l'imbécile et le dégoûté pendant deux heures! Prends la lampe et viens avec moi.

Duclaqué, *se calmant*. — Te fâche pas... je te crois.

Geneviève, *le prenant par la manche*. — Je suis délicate et propre avant tout... Viens avec moi. (*Et, suivie de Duclaqué, elle passe dans la lingerie*).

Geneviève. — Et maintenant fais-moi l'amitié d'ouvrir cette armoire.

Duclaqué. — Pour quoi faire?

Geneviève. — Ah çà! écouteras-tu! Je te répète d'ouvrir cette armoire... et regarde, crétin!

(*Sur une longue tige de fer des draps sont suspendus. A chaque drap, une étiquette est épinglée.*)

Duclaqué. — Eh bien ! quoi, c'est du linge.

Geneviève. — Du linge ? probable, c'est pas du poisson ! Au lieu de parler à tort et à travers, si tu lisais ce qu'il y a sur les petits morceaux de carton qu'il y a après.

Duclaqué. — Ah ! bon... (*Stupéfait.*) Oh !

Geneviève. — Ça te la coupe, ça, mon bonhomme ?

Duclaqué. — Georges Duclerc... Armand Salut... Henri Beaunamour... ancien député... Raoul... il n'a pas de nom de famille, celui-là !

Geneviève. — C'est un homme marié.

Duclaqué. — Ernest Bouquet... Maurice Laraide... Michel Boileau... Parent de l'autre ?

Geneviève. — Sais pas.

Duclaqué, *après avoir encore lu quatre ou cinq noms.* — C'est épatant ! épatant ! épatant !

Geneviève. — Là, tu ne m'embêteras plus, du coup ! Sur ce, au dodo, bébé.

# L'ÉMEUTE

*Madame est assise au coin du feu; elle fait de la tapisserie. Monsieur entre comme une bombe. Elle se lève et, stupéfaite, le regarde un bon moment sans pouvoir dire un mot.*

MADAME. — Dans quel état tu es !

MONSIEUR, *se laissant choir dans un fauteuil.* — Oui.

MADAME. — Ton chapeau !...

MONSIEUR. — Défoncé !...

MADAME. — Ton parapluie !...

MONSIEUR. — Retourné !...

MADAME. — Ton veston... Ton beau veston !...

MONSIEUR. — Hélas ! déchiré !...

MADAME. — Tes bottines !...

MONSIEUR. — Décousues !...

MADAME. — Tu t'es donc battu ?

MONSIEUR. — Non.

MADAME. — Tu as été attaqué, peut-être ?

Monsieur. — Encore moins.

Madame. — Explique-toi, je t'en conjure !

Monsieur. — Voici... mais avant donne-moi quelque chose à boire... Je n'en puis plus...

Madame. — (*Elle lui apporte un verre d'eau*) Tiens, mon pauvre chien-chien.

Monsieur. — Merci... c'est bon. Donc, j'étais sur les boulevards, lorsque tout à coup deux grands gaillards passèrent en courant ventre à terre devant moi. Puis deux autres vinrent ensuite, puis dix, puis quinze, puis cent, puis mille...

Madame. — C'était ?...

Monsieur. — Tous se dirigeaient du même côté en poussant des cris épouvantables ! La police arriva bientôt.

Madame. — Une émeute, alors ?

Monsieur. — Les voitures n'avancèrent plus. Les cochers se mirent tous debout sur leur siège; les chevaux se cabrèrent... Ah ! ma pauvre amie ! ma pauvre amie !

Madame. — Pour Dieu ! dis-moi ce que c'était ?

Monsieur. — Brave, je résolus d'aller voir ce qui se passait. Je m'élance et j'arrive enfin au coin de la rue du Helder...

Madame. — Et?

Monsieur. — Quel vacarme ! Quel bruit ! Il résonne encore dans mes oreilles. J'interroge celui-ci, celui-là, et on me met au courant. Devine ce que c'était !

Madame. — ???

Monsieur. — Deux Marseillais qui se racontaient une histoire...

# UNE RÉPÉTITION
## AU THÉATRE DES BATIGNOLLES

Le Régisseur. — Pardon, Monsieur, qui êtes-vous, et de quel droit vous tenez-vous dans les coulisses ?

Le Monsieur. — C'est votre directeur qui m'a autorisé à assister à une répétition.

Le Régisseur, *s'inclinant*. — Mille excuses... j'ignorais.

Le Monsieur. — Et quelle pièce montez-vous ?

Le Régisseur. — Bien intéressante, allez ! *Louis XVI et Marie-Antoinette*. Un beau drame comme on n'en fait plus ! Il tient debout, celui-là, je vous le garantis. On va commencer, je vous laisse.

Le Monsieur. — Je vous en prie.

Le Régisseur. — Allons, Mesdames, et vous, Labarre, Duroi, Valtin, Miroi, quand vous voudrez.

Miroi. — On y va, on y va.

Le Régisseur. — Nous sommes au complet, bon. Attaquons la scène du quatre, les enfants. A toi, Labarre.

Labarre, *celui qui fait Louis XVI*. — Et je le répète...

Charlotte. — Zut!...

Gabrielle. — Chipie!

Le Régisseur. — Avez-vous fini de vous disputer, hein? Un peu de silence. A toi, Labarre.

Labarre. — Et je le répète : « Tant que ma tête sera entre mes deux épaules... »

Le Régiseurs. — Pardon, mon vieux. En disant cela, si tu passais derrière le canapé, hein! qu'en penses-tu?

Labarre, *après avoir réfléchi un instant*. — Oui, ça peut se faire.

Le Régisseur. — Madame Duverger, bon sang!... voulez-vous écouter ce que je dis? Il pas-se-ra derrière le canapé lorsqu'il parlera de sa tête.

M<sup>me</sup> Duverger. — Qu'est-ce que vous voulez que j'y fasse?

Le Régisseur. — Grande bête, va!... Je vous écoute, Labarre.

Duroi. — Flûte, alors! Si on recommence vingt fois, on ne sera pas libre avant huit heures du soir!

Le Régisseur. — Dites donc, Duroi, est-ce que vous allez bientôt me ficher la paix? Si cela ne vous plaît pas, le patron est là, vous savez.

Duroi. — Le patron! Je l'emmène à la campagne.

Le Régisseur. — Nous devons passer dans huit jours, vous ne l'ignorez pas.

Gabrielle. — Dans huit jours?

Le Régisseur. — Parfaitement.

Gabrielle. — Dans huit jours! (*En remontant le théâtre.*) Ah ben, m...., alors!

Le Monsieur, *bas à Labarre, celui qui fait Louis XVI.* — Qui est-ce, cette femme-là?

Labarre. — C'est la reine, monsieur.

Le Monsieur. — !!!

# LE TÉLÉPHONE

ou

# LA MORT D'ERNEST LEGRAS

---

Qui ne l'a pas connu ?

Eh ! bien, il est mort, mort hier au soir, à l'âge de quatre-vingt-quinze ans et en pleine connaissance.

Depuis tantôt une quarantaine d'années, on ne le voyait plus nulle part, ni au théâtre, ni au concert, ni dans les bals publics. Son nom cependant était sur toutes les lèvres, et, jadis, alors que Tortoni existait encore, on ne s'abordait jamais sans se demander : « Que devient donc Ernest Legras ? »

Pauvre vieux ! il a rendu, ce lundi 11 décembre, son dernier soupir devant le téléphone.

Je me souviens, et Allais (Alphonse) doit s'en souvenir aussi, du jour où nous le vîmes pour la première fois, au *Chat Noir*, il y a de cela trente-huit ans environ! Quel joyeux compagnon c'était! Et quand je songe que c'est grâce au téléphone qu'il nous lâcha tous, j'enrage.

Un beau matin, il eut la fâcheuse idée d'aller voir un drame, *les Chiffonniers*, au théâtre de l'Ambigu. Ayant le téléphone chez lui — il était très riche — il appuya sur le bouton et demanda poliment la communication.

— Allô! allô!

— Monsieur?

— Le théâtre de l'Ambigu, mademoiselle, je vous prie; merci mille fois.

Ah! bien ouitch! Le timbre marchait, oui, mais chaque fois qu'il appliquait ses deux oreilles contre les systèmes suspendus de chaque côté, il n'y avait plus personne pour répondre.

Huit heures s'écoulèrent! Doux, bon, le cœur sur la main, il ne se fâcha point et recommença le lendemain... l'entêté!

— Allô! allô!

— Monsieur?

— Le théâtre de l'Ambigu, un peu pressé; merci mille fois.

Du coup, il fut plus heureux.

— Communiquez!

— Allô!... je voudrais pour ce soir...

LE TÉLÉPHONE OU LA MORT D'ERNEST LEGRAS 33

Il n'acheva pas...

Un mois après — quelle patience ! — il avait fait installer son lit devant le téléphone. Il ne sortait plus, déjeunait et dînait devant ce charmant instrument qui sert à éviter des courses aux gens pressés.

Hélas ! *les Chiffonniers* cessèrent, on donna un autre drame.

— Plains-toi donc ! lui dit un beau soir Allais Alphonse, dans un moment de colère.

— Non, répondit-il, faut que tout le monde gagne sa vie... on serait capable de mettre cette jeune fille à la porte.

Quelques années passèrent : il vieillissait ! il vieillissait ! On donnait alors *le Fils de Porthos*.

— Allô ! allô !

— Monsieur.

— Quinze ans que j'attends le théâtre de l'Ambigu, mademoiselle !

— Tout de suite, je vous avais oublié.

Les affiches portaient en gros caractères rouges : ce soir, première de *Gigolette*.

— Al... lô... al... lô... bigu ?...

— Communiquez.

Tonnerre ! cette fois, ça y était !

— Vous désirez, monsieur ?

— Deux places... gu... ce soir !...

— Il n'y en a plus.

Il s'affaissa et tomba raide sur le plancher. Mort *de stupéfaction*, ont dit les médecins.

Pauvre Ernest Legras !

*P.-S.* — Avoir attendu cinquante-cinq ans ! La chose m'étonne. Moi, j'ai eu, dernièrement, la communication au bout d'une heure et demie.

C'est vrai que je suis veinard.

# L'ENNUI

Lui, *bâillant*. — Dieu, que je m'ennuie.

Elle. — Et moi donc !

Lui. — Temps triste...

Elle. — Rien à faire.

                (*Long silence.*)

Lui. — Qui...

Elle. — Quoi?

Lui. — Je m'embête ferme.

Elle. — Il n'y a pas que toi.

                (*Long silence.*)

Lui. — La lampe va s'éteindre.

Elle. — C'est qu'il n'y a plus d'huile dedans, sans doute.

Lui. — Probablement.

         (*Et tous deux poussent un gros soupir.*)

Elle. — Faudrait remettre une bûche dans le feu.

Lui. — En effet.

Elle. — Je n'ai pas le courage de me lever pour la prendre.

Lui. — Moi, non plus.

Elle. — Ah!

Lui. — Les domestiques sont couchés?

Elle. — Il y a longtemps.

Lui. — Ils ont de la veine, ils doivent dormir, eux.

Elle. — Sûrement.

Lui. — Moi, si je me fourrais au lit, à cette heure-ci, je serais réveillé à quatre heures du matin.

Elle. — Je comprends cela.

Lui. — Dieu de Dieu, que je m'embête!... Il y a six ans, nous étions gais...

Elle. — Il y a six ans, nous étions fiancés.

Lui. — C'est loin.

Elle. — Le temps passe vite.

Lui. — Mais je t'aime encore, tu sais.

Elle. — Mais moi aussi.

*(Un silence.)*

Lui. — N'importe, je m'assomme, et dans les grands prix, ce soir.

Elle. — Tu peux dire: nous.

Lui. — J'ai vu toutes les pièces qu'on joue en ce moment.

Elle. — Hélas!

Lui. — Ah ! tout n'est pas rose en ce monde !

Elle. — Pour ça, non.

Lui. — Si seulement nous avions des enfants...

Elle. — Ce n'est pas ma faute si nous n'en avons pas.

Lui. — Je ne t'accuse pas.

(*Silence prolongé. Une vive lueur éclaire subitement la pièce.*)

Elle. — Qu'est-ce que c'est ?

Lui — (*Il se lève et ouvre vivement la fenêtre*). Oh !

Elle. — C'est la maison d'en face qui brûle !...

Lui. — Enfin, on va donc s'amuser un brin !

# L'ENDROIT

Lui. — Alors, tu m'aimes, bien vrai, ma chérie ?

Elle. — Hélas !

Lui. — Comment, hélas ?

Elle. — J'ai si peur pour l'avenir !

Lui, *l'embrassant*. — Ne dis pas ça... (*L'embrassant de nouveau.*) Ne dis pas ça...

Elle. — Tu es léger, volage...

Lui, *l'embrassant toujours*. — Hortense... ne dis pas ça non plus.

Elle. — Prends garde... oh ! prends bien garde à toi !... Je t'ai tout sacrifié... j'ai quitté pour toi une position superbe...

Lui. — Je le sais.

Elle. — Tu ne le sauras jamais assez... Aussi si, plus tard, tu me faisais du mal grand comme ça, vois-tu...

Lui, *souriant*. — Qu'arriverait-il ?

Elle, *froidement*. — Je te tuerais et je me tuerais après.

Lui. — Pas de blagues, hein ?

Elle. — Je ne plaisante pas, crois-le.

Lui. — Je t'adore !

Elle. — Je vous connais si bien, tous, tant que vous êtes.

Lui. — Je ne suis pas comme les autres, moi, je t'assure.

Elle. — Enfin je te l'ai dit : Tu seras mon dernier... Donc, réfléchis ; il est encore temps de briser cette liaison qui ne fait que commencer.

Lui, *plus tendre que jamais*. — Hortense !... oh ! Hortense !... Ne parle pas ainsi.

Elle. — Te voilà prévenu, en tous cas.

Lui. — Et comment tuerais-tu ton petit homme ?

Elle. — C'est bien simple... pendant ton sommeil... derrière le cou... avec une épingle à chapeau.

Lui, *tout pâle*. — Bon Dieu !...

Elle. — Et ça tue net, je te garantis.

Lui. — Ah ! ça !... ça tue net.

Elle. — Piqûre au cerveau... crac... et le tour est joué.

Lui. — Et le tour... est joué !... Eh bien ! si l'on parlait d'autre chose, hein ?

Elle. — Tu peux dire que tu es aimé, va !

Lui. — Ça... oui.

Elle. — Embrasse-moi... et maintenant, monsieur, éteignez la lampe, faut dormir, bonsoir.

Lui. — Bonsoir.

(*Elle ne tarde pas à sommeiller ; lui, au contraire, remue, s'agite, se retourne... et finalement s'endort.*)

*2 heures du matin.*

Lui, *s'éveillant brusquement.* — Quoi?... quoi?... qu'est-ce qu'il y a?

Elle. — Rien... rien, mon loup!... (*Lui caressant le cou.*) Je cherchais l'endroit.

Lui, *retombant sur son oreiller.* — !!!!

# LA MAITRESSE RÊVÉE

Lui. — Crédié ! Quelle chaleur !

Elle. — Ouvre donc la fenêtre.

Lui. — Tout de suite, ma chérie.

Elle. — Oh ! Gaston !... quelle peine tu me fais !

Lui. — Qu'est-ce qu'il y a ?

Elle. — Je t'en supplie, tâche d'avoir un peu plus de mémoire ! Je t'ai déjà répété cent fois, depuis deux mois que je te connais, de ne pas m'appeler : ma chérie.

Lui. — Ah !

Elle. — Tes anciennes maîtresses, tu leur parlais ainsi, j'en suis sûre.

Lui. — Non.

Elle. — Pourquoi mentir, bébé ?... (*Très tendre.*) Pourquoi, dis ?... dis à ta femme pourquoi ?

Lui. — Je t'assure, mon mignon, que tu es dans l'erreur.

Elle. — Mignon !... oh ! pas comme ça non plus, veux-tu ? Il y a pourtant d'autres noms dans la langue française.

Lui. — Ça c'est certain. (*Après s'être fortement gratté la tête.*) C'est très embarrassant ! Et mon loup... mon gros loup-loup... c'est pas mal ?

Elle. — On a l'air de causer avec un chien.

Lui. — Et coco ? Ah, coco !... c'est une expression un peu chouette !

Elle. — C'est d'un commun, au contraire.

Lui. — Ton petit nom c'est Anita, pas vrai ?

Elle. — Oui.

Lui. — Si je le coupais en deux et si je t'appelais : Ani ?... Ah ! c'est pas ordinaire ça, hein ?

Elle. — Non... c'est idiot.

Lui. — Et ma mie ?

Elle. — Ma mie ? est-ce que tu deviens fou ?

Lui. — C'est pas joli ?

Elle. — Tu trouves ça joli ?

Lui. — Mon Dieu ! oui, c'est doux à l'oreille.

Elle, *nerveuse*. — Et à la dent.

Lui. — A la dent ! ! !

Elle. — Dis donc, espèce d'imbécile, est-ce que tu as l'intention de te fiche de moi encore longtemps ?

Lui, *interloqué*. — Mais...

Elle. — Ma mie !... (*Se croisant les bras et le*

*regardant bien en face.*) Et si je t'appelais ma croûte, moi,... quelle tête ferais-tu ?

Lui. — !!!!

Elle. — Crétin !

Lui. — !!!!!

# L'INFIRME

---

JEANNE. — Bonjour.

MARGOT. — Bonjour, ma chérie.

JEANNE. — Qu'est-ce que tu as ? Serais-tu souffrante, par hasard ? Tu es toute pâle !

MARGOT. — Non.

JEANNE. — Eh bien, alors !

MARGOT. — Je m'embête.

JEANNE. — C'est-pour cela que tu fais cette tête-là ?

MARGOT. — Mon Dieu ! oui.

JEANNE. — Et peut-on savoir ce qui t'arrive ?

MARGOT. — Il m'arrive que j'ai plein le dos d'Henri : je crois que c'est suffisant !

JEANNE. — Tout d'un coup, comme ça ?

MARGOT. — Tout d'un coup ! Tiens, tu me ferais rire si je n'avais envie de pleurer ! Tout d'un coup, dis-tu ? Mais voilà un long mois que je lutte pour ne pas le planter là.

Jeanne. — Ah ! là ! là ! je n'aurais pas été si patiente !

Margot. — Tu en parles à ton aise... Tu as de l'argent de côté, toi... Moi, je n'ai pas un centime... tu entends ? pas un... et si je le lâche...

Jeanne. — Tu en trouveras un autre qui sera sûrement plus gentil, plus aimable avec toi.

Margot. — Sois sans crainte ; j'ai déjà cherché à droite et à gauche... je n'ai pas perdu de temps.

Jeanne. — Et peut-on te demander si tu as quelqu'un de nouveau sous la main ?

Margot. — Je te crois : un petit garçon joli comme un cœur ; il s'appelle Jacques... et il est d'un chic... et vicomte par-dessus le marché. Du reste, sa famille est très cotée faubourg Saint-Germain.

Jeanne. — Tu l'aimes ?

Margot. — Je l'adore, j'en suis folle !

Jeanne. — Déjà ?

Margot. — Oui.

Jeanne. — Grosse bête ! Pourquoi es-tu triste, alors ?

Margot. — Il est infirme.

Jeanne. — Infirme !

Margot. — Il n'a pas le sou.

Jeanne. — !!!!

# SCÈNE DE TOUS LES JOURS

Elle. — Le bon feu, hein ?

Lui. — Oui.

Elle. — Ce n'est donc pas agréable de passer, par-ci, par-là, une soirée chez soi ?

Lui. — Très agréable.

Elle. — Et qui va faire, tout à l'heure, une bonne partie de bésigue avec sa chérie ? C'est Lu..., c'est Lu.... Veux-tu bien vite répondre... C'est Lu...?

Lui, *l'air embêté*. — Cien.

Elle, *en s'asseyant sur ses genoux*. — Méchant bébé, va !.... Ah ! si je ne t'aimais pas tant !

Lui. — Eh ! bien, qu'arriverait-il ?

Elle. — Mais, je te quitterais, tout simplement.

Lui. — Ah !

Elle. — Et ça te ferait une grosse peine, pas vrai, mon coco ?

Lui, *sans conviction*. — Certainement.

Elle. — Tu peux chercher, tu n'en trouveras pas deux comme moi ; je te le garantis.

Lui. — J'en suis convaincu.

Elle. — Du reste, quand je t'ai connu, il y a cinq ans, tu n'avais pas beaucoup d'argent.

Lui. — Pourquoi me dis-tu cela?

Elle. — Pour te prouver que je t'ai aimé pour toi-même, voilà tout.

Lui. — Oui... oui....

Elle. — Quoi? oui... oui?... Avec ça que je mens!

Lui. — Inutile de crier, j'entends très bien, tu sais!

Elle. — Es-tu assez méchant!... (*Elle lui passe la main dans les cheveux.*)

Lui. — Voyons!...

Elle. — Ça t'ennuie que je te caresse?... Tu boudes?... On ne se trouve donc pas bien, près de sa petite fe-femme?...

Lui. — Si, si.

Elle. — Alors, sois gai!... Dis donc, mignon?

Lui. — Eh bien?

Elle. — Te rappelles-tu le jour où j'ai voulu me jeter par la fenêtre?

Lui. — Sûr, que je me souviens.

Elle. — J'étais folle, ce soir-là, pas, coco?

Lui. — Folle? non... imprudente surtout.

Elle. — Tout de même, si c'était arrivé, qu'aurait-on dit dans la maison?

Lui. — On aurait dit: La locataire du premier s'est précipitée dans la rue.

Elle. — Rien que d'y penser j'en ai froid dans le dos.

Lui. — Attends... Je vais mettre une bûche dans le feu.

Elle. — Que tu es gentil!

# LE PROFESSEUR

Germaine. — Comment se fait-il que vous ne venez pas me voir, cher ami ?

Adolphe. — Pour rien.

Germaine. — Quel drôle d'homme vous êtes La première fois que je vous ai rencontré, vous avez été charmant.

Adolphe. — Oh !

Germaine. — Si, si, charmant n'est pas exagéré, je vous l'affirme ! Gracieusement, vous m'avez offert à dîner, vous devez vous en souvenir, puis après... enfin vous comprenez... et adieu, jamais vous n'êtes revenu chez moi. Pourquoi ?

Adolphe. — Pourquoi ? Tenez-vous beaucoup à le savoir ?

Germaine. — Certes, j'y tiens !

Adolphe. — Eh bien ! je vais te le dire, enfant.

Germaine. — C'est cela, soyez gentil.

Adolphe. — Avant de me connaître... combien en avez-vous connu ?

Germaine. — Oh! c'est difficile à dire... trois ou quatre.

Adolphe. — C'est peu... mettons dix. Eh bien! ils n'ont point reparu non plus, n'est-il pas vrai?

Germaine. — En effet.

Adolphe. — Et cependant, vous êtes toute jeune et jolie comme un cœur... Malheureusement, vous ne savez pas jouer la comédie... vous ne savez pas aimer.

Germaine. — Quelle plaisanterie!

Adolphe. — Je vous assure. Soyez femme, que diable!... et votre fortune est faite. Ainsi il faut... (*Il lui parle bas à l'oreille.*)

Germaine. — Oh!

Adolphe. — Et puis... (*Même jeu.*)

Germaine. — Voulez-vous bien vite vous taire?

Adolphe. — Du tout, c'est cela qu'il faut faire, Écoutez mes conseils, petite, et vous verrez.

(*Ils se rencontrent deux mois après.*)

Germaine. — Tiens... comment va?

Adolphe. — Quoi de neuf?

Germaine. — Eh bien! vieux, je t'ai écouté: j'ai maintenant ma voiture et mon cheval.

Adolphe. — Dans ce cas, je retournerai chez toi.

# LE FILS

—

Jules. — Bonjour, toi. Comment va cette petite santé ?

Henri. — Elle va bien... Et, si je ne partais pas, ce soir, pour faire mes vingt-huit jours, je serais complètement heureux.

Jules. — Et ta maîtresse ?

Henri. — Toujours jolie.

Jules. — Et toujours vieille ?

Henri. — Comment, toujours vieille ?

Jules. — Allons, entre nous, tu es ridicule, mon pauvre ami ! A ton âge, te coller avec une femme qui a quinze ans de plus que toi !... Mais c'est de la folie pure, réfléchis !

Henri. — Si je l'aime, moi !

Jules. — Elle pourrait être ta mère, voyons.

Henri. — C'est idiot, ce que tu dis là.

Jules. — Tout le monde jase sur ton compte, ça te fait du tort. Lâche-la, je t'en suppplie.

Henri. — Je me connais... je ne pourrai pas.

Jules. — Mais, bon Dieu, elle a un fils qui a presque ton âge.

Henri. — Ça n'est pas vrai... elle n'a pas d'enfant.

Jules. — Parions?

Henri. — Elle me l'aurait avoué il y a beau temps.

Jules. — Naïf, va!

Henri. — Qu'est-ce qu'il fait? Où est-il?

Jules. — Personne ne le sait.

Henri. — Épatant!... C'est épatant!

Jules. — Mais c'est comme ça.

Henri. — Un fils!... Hortense a un fils!... aussi grand que moi!... Oh!... pourquoi ne pas m'avoir averti plus tôt?

Jules. — Je ne l'ai appris qu'hier.

Henri. — Par qui?

Jules. — Peux pas... j'ai juré.

Henri. — Cré nom de nom de nom! Adieu.

Jules. — Tu me quittes?

Henri. — Vais boucler ma valise et je pars sans lui dire au revoir.

Jules. — A la bonne heure!

*Un mois après.*

Henri, *bondissant chez sa maîtresse.* — Bonjour.

Hortense, *poussant un cri de joie.* — Mon Ri-Ri!... Toi!... toi!...

Henri. — Il n'y a plus de Ri-Ri!... Assez!... (*Froidement.*) Tu as un fils?

Hortense. — Moi!...

Henri. — Tu as un fils?

Hortense, *accablée.* — Eh! bien... oui.

Henri. — Quel âge a-t-il?

Hortense. — Huit ans.

Henri. — Tu mens!

Hortense. — Quinze.

Henri. — Tu mens!

Hortense, *sourdement.* — J'aime mieux tout te dire, alors. Vingt-sept.

Henri. — Enfin! voilà la vérité. Et que fait-il?

Hortense. — Dans la soierie... à Saint-Etienne.

Henri. — Tu remens. Il est adjudant au 372ᵉ de ligne.

Hortense. — Oui...

Henri. — Il s'appelle Georges Dumont, j'ai fait mes vingt-huit jours sous ses ordres.

Hortense. — Tu sais tout.

Henri. — Et c'est un cochon.

Hortense, *furieuse, et les yeux hors de la tête.* — C'est faux!... tais-toi!...

Henri. — Je te demande pardon, c'est un cochon... il m'a fichu quarante-huit heures de salle de police dès mon arrivée au corps.

Hortense. — Eh! bien, tu n'es qu'un imbécile!

Henri. — !!!

Hortense. — Tu n'avais qu'à lui dire : Mon lieutenant, je suis l'amant de votre... et l'affaire se serait arrangée.

# LES DEUX COCOTTES

Juliette. — Bonjour, ma chérie.
Suzanne. — Bonjour, ma belle.
   (*Elles s'embrassent.*)
Juliette. — Quoi de neuf ?
Suzanne. — Oh ! beaucoup de choses ! et toi ?
Juliette. — Moi aussi.
Suzanne. — Vrai ?
Juliette. — Parole.
Suzanne. — Épatant ! raconte-moi ça ?
Juliette. — J'ai un amant depuis deux jours... un nouveau...
Suzanne. — Ça, c'est rigolo... moi aussi.
Juliette. — Et il est d'un gentil !
Suzanne. — Et le mien, donc... si tu le voyais...
Juliette. — Et coquet !.. et soigné !...
Suzanne. — Quel âge a-t-il ?
Juliette. — Vingt-deux ans... un enfant, quoi !
Suzanne. — Mon gigolo a le même âge... et il a

des cheveux... oh! mais, des cheveux!... on en mangerait, parole d'honneur.

Juliette. — Français ?

Suzanne. — Je te crois. Parisien jusqu'au bout des ongles.

Juliette. — Mon coco, lui, a connu toutes les femmes de Paris... oui, ma chère, toutes! c'est qu'il a le sac.

Suzanne. — Mais mon homme à moi n'est pas pauvre, je te le garantis... et il s'habille... une vraie femme! Figure-toi, chérie, qu'il porte des caleçons roses.

Juliette, *pâlissant*. — Roses!

Suzanne. — Et tout en soie!

Juliette. — En soie!

Suzanne. — Parfaitement. Et par-dessus le marché, il est d'un parfumé... il sent la violette à plein nez.

Juliette. — La violette!

Suzanne. — Absolument.

Juliette. — Il est grand, mince, il porte la moustache en croc ?...

Suzanne. — En effet.

Juliette. — Il parle très vite.

Suzanne. — Oui... quand il est pressé.

Juliette. — Il s'appelle Arthur...

Suzanne. — Comment sais-tu ?...

Juliette. — C'est mon amant.

Suzanne. — Tu dis ?

Juliette. — Je dis : c'est-mon-a-mant.

Suzanne. — Ah! elle est raide, celle-là, par exemple !

Juliette. — Il n'y a pas de « elle est raide »; c'est comme ça.

Suzanne. — Je le connais depuis deux jours.

Juliette. — Mais, moi aussi.

Suzanne. — Alors ?

Juliette. — Tirons à pile ou face celle qui le gardera.

Suzanne. — Allons-y.

Juliette. — Pile.

Suzanne. — Face.

Juliette. — J'ai perdu.

Suzanne. — Tu n'es pas fâchée, au moins ?

Juliette. — Mais non .. Au revoir.

Suzanne. — Au revoir, chérie.

Juliette, *en s'en allant*. — Moi le lâcher, ah ! là ! là ! elle peut se fouiller !

Suzanne. — Maintenant, je suis tranquille... car Juliette, c'est l'honnêteté même.

# SCÈNE DE TOUS LES JOURS

Lui. — Bonjour.

Elle. — Ah ! te voilà !

Lui, *navré*. — Oui.

Elle. — Eh ! bien, es-tu content, maintenant ?

Lui. — Hélas ! non.

Elle. — Comment ! tu n'as pas encore une nouvelle maîtresse ? C'est pas possible !

Lui. — Je n'ai pas cherché.

Elle. — Peuh !

Lui. — Oh ! je t'assure... et puis, tiens, veux-tu que je te dise ?...

Elle. — Je veux bien.

Lui. — Je n'en trouverai jamais une aussi gentille, aussi mignonne, aussi jolie que toi !

Elle. — Vraiment ?

Lui. — Dis donc, chérie ?...

Elle. — Quoi ?

Lui. — Il n'y a pas moyen de se remettre ensemble ?

Elle. — Ah! non... ah! non, par exemple!

Lui. — Pourquoi?... Tu verras comme j'aurai un bon petit caractère. Et je te donnerai quelque chose de très chic, si tu acceptes ma proposition.

Elle. — Un tableau, hein!... Mais, malheureux, jette un coup d'œil autour de toi... il n'y en a que de toi, ici!

Lui. — Qu'est-ce que cela fait?

Elle. — Pauvre ami, va!

Lui. — Hier, j'en ai encore vendu un, tu sais?

Elle. — Tant mieux.

Lui. — On serait si heureux!... si heureux!... On ne se disputerait plus jamais, jamais, jamais!... Je te le jure!

Elle. — Je t'en supplie, ne jure pas! Et n'insiste pas, surtout.

Lui. — Je t'aime tant!

Elle. — Zut!

Lui. — Sois pas méchante, chérie ; dis : oui.

Elle. — Je dis : zut!

Lui. — Mais, sacrédié! tu n'as donc rien là-dedans! Tu n'as plus rien non plus pour ton petit Bé-Bert?

Elle. — Oh! mon petit-Bé-Bert, si tu te doutais comme je m'en fiche!... Allons, ne fais pas l'imbécile plus longtemps : prends ton chapeau, ta canne, et décampe. J'ai des courses à faire, faut que je m'habille.

Lui, — C'est pour tout de bon, alors ?

Elle. — Probablement.

Lui. — Eh ! bien, écoute, j'ai terminé aujourd'hui une toile épatante ! Deux mètres de long, un mètre cinquante de haut; elle est à toi si tu veux encore de moi ?

Elle. — Mais, mon pauvre mignon, regarde les murs... tu vois bien qu'il n'y a plus de place ?

# SCÈNE DE TOUS LES JOURS

Elle. — Tu sors ?

Lui. — Oui, je vais faire un petit tour.

Elle. — Naturellement... et pas de danger que tu me demandes de t'accompagner.

Lui. — Pourquoi ? viens, je t'attends.

Elle. — Ne fais donc pas la bête, je t'en supplie ! Tu vois bien que je suis en robe de chambre et tu sais que ça m'ennuie de m'habiller à neuf heures du soir... sans cela, tu ne serais pas si aimable.

Lui. — Entendu. Au revoir.

Elle. — Alors, tu es bien décidé ?

Lui. — Ça m'est égal : si tu le désires, je reste.

Elle. — Moi ! je m'en moque... va traîner où bon te semble.

Lui (*Il enlève son chapeau et s'assied*). — Quelle vie, mon Dieu !

Elle. — Ah ! oui, je t'engage à te plaindre ! ça, c'est le bouquet ! Je me mets en quatre pour t'être agréable ! Le matin, je me lève avant toi pour qu'on t'apporte ton petit déjeuner bien vite ; le soir, quand ça t'amuse, je joue au bésigue... et je me laisse gagner...

Lui. — Oh ! tu te laisses gagner...

Elle. — Parfaitement. Cette après-midi encore, j'ai été assez sotte pour aller acheter à monsieur du bon chocolat, parce qu'il aime à en manger le soir !... Bref, je m'échine, je m'éreinte, je me fais un mauvais sang de tous les diables ! Eh ! bien, j'en ai plein le dos, de cette existence ! Parole, on dirait que je suis ta domestique, ni plus, ni moins !

Lui. — Ne crie pas si fort, sacrédié !

Elle. — Je crierai si ça me plaît. Tu ne m'empêcheras pas de parler, je suppose ? Mais qu'est-ce que tu fais là ? tu n'es pas encore parti ?

Lui. — Faut croire, puisque je suis encore ici.

Elle. — Les femmes qui font la noce ont rudement raison et sont dans le vrai.

Lui. — Fais-la.

Elle. — Si je n'agis pas ainsi, sois tranquille, c'est parce que ça me fatigue... sans ça !...

Lui. — Alors, ne la fais pas.

La Bonne, *entrant*. — Une lettre qu'un commissionnaire vient d'apporter pour Monsieur.

Elle, *curieuse*. — Qu'est-ce que c'est ?

Lui. — Flan qui me renvoie les cinquante louis qu'il me devait.

ELLE, *ravie*. — Veine! On ira aux courses demain, veux-tu?

LUI, *sans force*. — Oui.

ELLE. — Tiens, voilà les cartes, allons-y pour une partie de bésigue.

LUI, *toujours sans force*. — Oui.

ELLE. — Maintenant, allons nous coucher, chéri.

LUI. — Oui.

ELLE. — Comme tu as été méchant, ce soir!

(*Et tous deux se mettent au lit, s'embrassent et s'endorment heureux.*)

# LA CONFESSION

*Un vieux curé, le vieux curé de... — le nom m'échappe en ce moment — était bien tranquille, au coin de son feu, en train de lire son bréviaire, lorsqu'il fut brutalement interrompu par des coups de canne frappés contre la porte. Il se leva vivement et ouvrit. Un homme pauvrement vêtu entra.*

Le curé. — Qu'y a-t-il pour votre service, mon brave homme?

Le brave homme. — Mon Dieu! mon père, je viens pour me confesser.

Le curé. — Mais, mon fils, ce n'est ni l'heure, ni l'endroit.

Le brave homme, *tout en regardant autour de lui.* — Je le sais, mon père... mais j'ai tant... tant de péchés sur la conscience, que je ne puis vraiment attendre jusqu'à demain... j'ai un poids là... j'étouffe!

Le curé. — Dans ce cas, mon enfant, asseyez-vous.

*Et pendant que le vieux curé se retournait pour avancer une chaise, le brave homme qui avait un poids là, escamota la montre et la chaîne du prêtre.*

Le brave homme, *en s'asseyant.* — Merci.

Le curé. — Et, maintenant, parlez, et n'oubliez pas, mon fils, que vous êtes devant un serviteur de Dieu.

Le brave homme. — Entendu. (*Après s'être fortement mouché.*) Voilà : j'ai volé.

Le curé. — Oh! oh!... mon pauvre enfant!

Le brave homme. — Une chaîne et une montre!... Les bijoux étaient là, là tout près... si près que je me suis laissé aller, et que, malgré moi, j'ai étendu la main.

Le curé. — Et ces objets, où sont-ils?

Le brave homme. — Dans ma poche, mon père.

Le curé. — Il faut les restituer.

Le brave homme. — J'oserai jamais... Je me connais, j'oserai jamais...

Le curé. — Il le faut, cependant.

Le brave homme. — Prenez-les, vous, mon père.

Le curé. — Non, mon enfant.

Le brave homme. — Je vous en supplie.

Le curé. — Non, mon enfant.

Le brave homme. — J'ai déjà voulu les remettre et on les a refusés... Alors?...

Le curé. — Alors?...

Le brave homme. — Oui.

Le curé, *après maintes hésitations*. — Alors, gardez-les.

Le brave homme. — Merci, mon père.

# HO! LE COCHON!

MADAME. — Monsieur est-il rentré?

LA BONNE. — J'en sais trop rien, madame; j'arrive à l'instant de chez la modiste.

*Madame traverse la salle à manger et, stupéfaite, s'arrête devant la porte de la chambre à coucher de son mari, en entendant ces quelques phrases:*

MONSIEUR. — Grosse bête! veux-tu bien vite parler, et ne pas faire ces vilains yeux-là!... Est-ce que j'ai l'intention de te martyriser, voyons?... Regarde-moi... ai-je l'air d'un méchant homme?... Allons, faites risette et laissez-vous caresser un peu... comme ça... sur le dos... et sur votre joli petit ven-ventre...

MADAME, *blême*. — Oh!... le cochon!... le cochon!...

MONSIEUR. — Eh! bien, c'est donc pas bon, ça? Tu verras que tu m'aimeras d'ici peu!... Donne encore ton petit ventre... Là... Parfait!... Que c'est doux!... Mon Dieu, que c'est doux!...

Madame, *se contenant à peine.* — Pendant mon absence!... Chez moi!... Oh! le cochon!... le cochon!...

Monsieur. — Ah! non, ne te mets pas encore sur le dos!... Maintenant, vite, rentrez là-dedans, reposez-vous!... Et on va vous cacher!... Là... et pas de bruit, surtout...

Madame, *bondissant au milieu de la chambre.* — Tu es une... tu es une... tu es une canaille!

Monsieur. — Mais...

Madame. — Où est-elle? Où est-elle, que je l'étrangle!...

Monsieur. — Ah! non, par exemple, tu ne vas pas faire cela!

Madame. — Je vais me gêner... (*Elle ouvre la porte du cabinet de toilette.*) Une perruche!...

Monsieur. — Eh! bien oui...

Madame, *tout en larmes.* — Pauvre chéri!... Et moi qui, tout bas, te traitais de cochon!

Monsieur. — Qu'est-ce que ça fait? Tu m'as appelé déjà comme ça...

Madame. — Oui... mais, c'était pas pour la même chose.

# JAMAIS DEUX SANS TROIS

*(L'académicien Chose est chez lui, seul, au coin de son feu.)*

L'ACADÉMICIEN, *songeur*. — Renan!... Marmier!... deux morts!... Jamais deux sans trois, dit-on!... A qui le tour?... Moi?... Allons donc, pas de danger! Je me porte bien, en somme... (*Il se regarde dans la glace.*) Pourtant, il me semble que je suis pâlot, aujourd'hui!... j'ai les yeux cernés!... Bah!... c'est une idée... j'ai les joues rouges, au contraire... Oui, mais les joues rouges c'est peut-être mauvais signe!... Que je suis bête de m'effrayer! j'ai la goutte, c'est vrai, mais quoi, c'est pas une raison pour y passer!... (*Réfléchissant.*) Voyons, récapitulons : Machin est souffrant... mais ce n'est qu'un rhume!... Dieu! que c'est embêtant!... Et les autres? flûte! je les connais pas tous, il y en a dont j'ignore même le nom!... (*Inquiet.*) C'est drôle, ça me fait mal quand je respire... j'ai des pincements au cœur... (*Soupirant.*) Non, ce n'est rien, ça passe!...

Si je me faisais les cartes?... non, c'est idiot d'être peureux comme ça!... Un peu de nerf, que diable! je suis un homme et je dois voter pour Zola, sacrédié!... (*Réfléchissant.*) Zola!... Il a une rude santé, lui!... Si je filais à Lourdes? Dieu est si grand, si bon!... Si je priais... ça me porterait peut-être bonheur! (*Furieux.*) Eh! bien, non, c'est par trop imbécile!... Ah! bon sang, quelle idée ai-je eue le jour où je me suis fait nommer académicien!... Je serais si tranquille, aujourd'hui, si je ne l'étais pas!... Si c'était à refaire!... (*Marchant de long en large.*) Jamais deux sans trois!... (*On frappe.*) Entrez.

LE DOMESTIQUE. — Voici le *Journal,* Monsieur.

L'ACADÉMICIEN. — Merci. (*Il ouvre son journal.*) Camille Rousset, mort!... sauvé, je suis sauvé!... (*Très triste.*) Pauvre homme!

# LES DEUX MICROBES

(*Les deux Microbes sont assis chez Tortoni. Il est six heures et demie du soir.*)

LE PREMIER MICROBE, *indiquant du doigt son voisin de droite*. — Qui est-ce, ce Monsieur ?

LE SECOND MICROBE. — Où donc ?

LE PREMIER. — Là, à côté de toi ?

LE SECOND. — Comment ! tu ne le connais pas ?

LE PREMIER. — Du tout.

LE SECOND. — C'est Aurélien Scholl.

LE PREMIER. — Ah !... (*Il saute sur les genoux d'Aurélien Scholl, le regarde un instant et vient se rasseoir près de son ami.*) Il est très bien.

LE SECOND. — Allons-nous sur lui faire un petit tour.

LE PREMIER. — Que t'a-t-il fait ?

LE SECOND. — Rien.

LE PREMIER. — Alors, laissons-le tranquille.

LE SECOND, *un peu froissé*. — Comme tu voudras.

(*Un silence.*)

Le Premier. — A part cela, quoi de neuf ?

Le Second. — Pas grand'chose. J'ai été passer une huitaine à Hambourg.

Le Premier. — Tu as rencontré des camarades ?

Le Second. — Des tas.

Le Premier, *appelant*. — Garçon !... Garçon !... (*Le garçon demeure immobile.*)

Le Second. — Il ne t'entend pas.

Le Premier. — Il ne voit pas, surtout. (*Il saute dans le verre d'un client, avale vivement une gorgée d'absinthe et va se rasseoir près de son ami.*) Là.

Le Second, *saluant de la main*. — Bonjour... Bonjour... cher...

Le Premier. — Qui est-ce ?

Le Second. — C'est Phylloxera de l'Yonne.

Le Premier. — Un noble ?

Le Second. — Tu l'as dit. (*En se levant.*) Et maintenant, je te quitte.

Le Premier. — Déjà !

Le Second. — Je crois bien. Je pars à sept heures et demie pour Monte-Carlo.

Le Premier. — Allons donc ! que vas-tu y faire ?

Le Second. — Prendre des documents pour mon prochain roman.

Le Premier. — Et sur qui te poseras-tu, là-bas ?

Le Second. — Tu garderas ça pour toi ?

Le Premier. — Que tu es bête! en voilà une question!

Le Second *regarde autour de lui, et à mi-voix :* — Sur l'auteur de la *Débâcle*.

Le Premier, *stupéfait*. — Non!

Le Second, *en riant*. — Parole d'honneur!

Le Premier. — Et qu'est-ce que ça sera? un livre naturaliste?

Le Second. — Parbleu!

Le Prmier. — Et le titre?

Le Second. — Es-tu assez curieux!... (*Très bas.*) Le *Ventre*...

Le Premier, *vivement*. — De Paris?

Le Second. — Non... de Zola.

Le Premier. — !!!

# DEUX BRAVES

Jules. — Bonjour, mon vieil ami... Qu'est-ce tu as? Tu fais une de ces têtes!... Es-tu souffrant, par hasard?

Isidore. — Non.

Jules. — Les affaires ne marchent-elles pas selon tes désirs?

Isidore. — Si.

Jules. — Alors, que se passe-t-il? Je te trouve tout chose...

Isidore, *froidement*. — Je suis cocu.

Jules. — Allons donc!... Tu es cocu!

Isidore. — Parfaitement... ça t'étonne, hein? Je comprends cela. N'importe, je le suis, voilà ce qu'il y a de certain.

Jules. — Je n'en reviens pas!

Isidore. — Et moi, donc.

Jules. — Ta femme, où est-elle?

Isidore. — A la maison.

Jules. — Comment! tu ne l'as pas chassée de chez toi!

Isidore. — Pour me faire fourrer quinze centimètres de fer dans le ventre, hein? Merci.

Jules. — Es-tu sûr au moins que tu es cocu?

Isidore. — Absolument. Je l'ai aperçue l'autre jour, faubourg Montmartre, dans un fiacre, avec un jeune homme... et ils s'embrassaient! fallait voir!

Jules, *hors de lui*. — Et tu n'as pas sauté sur celui qui était avec elle?

Isidore, *très calme*. — Non... j'ai continué mon chemin tranquillement.

Jules, *se frappant la poitrine*. — Mais, malheureux, tu n'as donc rien là-dedans?

Isidore. — Oh! pas de morale!

Jules. — Tu es mon camarade, et mon devoir est de te parler franchement. Réfléchis à ce que tu fais.

Isidore. — J'ai réfléchi longtemps, je t'assure.

Jules. — C'est pas possible, on m'a changé mon Isidore!... Allons, avoue que tu as dit tout cela pour plaisanter? Ça me soulagera.

Isidore. — Non, c'est la vérité.

Jules. — Alors, tu vas laisser ta femme continuer ce manège-là?

Isidore. — Oui, je ferai semblant de ne rien voir.

Jules. — Puisqu'il en est ainsi, c'est moi, tu entends, qui vengerai ton honneur.

Isidore. — Serais-tu jaloux ?

Jules, *furieux*. — Son nom ?... son nom ?...

Jules. — Louis de Fougrand.

Isidore. — Le tireur célèbre !

Jules. — Oui, mon pauvre vieux !

Isidore, — Ah !!! alors, tu as raison...vaut mieux ne pas t'en apercevoir.

# LE DISCOURS

#### Chez Durand.

Balok. — Oui, cher ami, il est mort tout d'un coup, à table, en mangeant de la salade.

Duverger. — Extraordinaire !

Balok. — Il avait un certain talent, l'animal !

Duverger. — Certes, son dernier roman : *Les Femmes maigres,* contenait des pages exquises.

Balok. — Exquises... c'est exagéré.

Duverger. — Et tu vas parler sur sa tombe au nom de la Société des gens de lettres.

Balok, *l'air heureux.* — Mon Dieu ! oui... je suis forcé.

Duverger. — En somme, tu n'as eu que deux jours pour préparer ton discours ?

Balok. — Il y a un mois qu'il est fait.

Duverger. — Un mois !

Balok. — J'étais sûr — car il était trop gros — qu'il aurait une attaque un de ces beaux matins.. Alors j'avais écrit mon discours d'avance.

DUVERGER. — Tu es décidément très fort !

BALOK, *en se renversant sur sa chaise.* — Non... je suis pratique, voilà tout.

DUVERGER. — Dis donc, il est midi moins un quart.

BALOK. — Bon. (*Il sonne.*)

LE GARÇON. — Monsieur?

BALOK. — Vous me préviendrez quand on sortira de l'église, hein?

LE GARÇON. — Bien, monsieur. (*Le garçon sort.*)

BALOK. — Nous avons le temps.

DUVERGER. — Sacrée pluie! en tombe-t-il!

BALOK. — J'ai une voiture. Je vais te lire le commencement de mon affaire, si tu veux?

DUVERGER. — Avec plaisir... mais avant je voudais te demander...

BALOK. — Quoi?

DUVERGER. — Si tu ne pourrais pas faire mettre mon nom dans le journal.

BALOK. — Ça te fera plaisir?

DUVERGER. — A ma femme, surtout.

BALOK. — Entendu. (*Il tire un papier de sa poche.*)

Ami,

Tous ceux qui sont là, tous ceux qui viennent de t'accompagner jusqu'à ta demeure dernière...

Le Garçon. — Monsieur... Monsieur... on sort de l'église.

Balok, *furieux*. — On ne peut jamais avoir un instant de tranquillité. Viens-tu ?

Duverger. — Je te suis.

(*Ils s'installent dans la voiture. Balok repasse son discours.*)

Balok, *content de lui*. — Pas mal !... Pas mal !...

Duverger. — Peu de monde, hein ?

Balok. — Il y en a assez tout de même ..

(*Au bout d'une heure et demie, on arrive au Père-Lachaise.*)

Duverger. — Je ne vois personne .. pas une tête de connaissance.

Balok. — Ce qui m'étonne, moi, c'est que je n'aperçois pas un seul confrère !... bizarre !...

Duverger. — Ils ont lâché le convoi en route... c'est pas chic...

Balok. — C'est la vie.

(*On s'arrête devant la tombe. Balok s'avance et d'une voix émue :*)

Ami,

Tous ceux qui sont là, tous ceux qui viennent de t'accompagner... (*La famille et les quarante invités se regardent.*) jusqu'à ta demeure dernière, connaissaient ta valeur littéraire.

(*La famille et les quarante invités se regardent de plus en plus.*)

Balok, *achevant*. — Adieu, adieu... ton souvenir sera éternellement gravé dans nos cœurs!...

Un invité, *bas à Balok*. — Je vous demande pardon, monsieur...

Balok, *lui serrant la main*. — Merci.

Un invité. — Je n'ai pas bien compris, mais ça ne fait rien... c'est pour vous dire que c'est moi qui prends la maison et qui vas être son successeur.

Balok, *abruti*. — Quoi?

Un invité. — Voilà ma carte... à l'avantage.

Balok, *lisant*. — Jules Gadou, 240, rue de la Tour-des-Dames... (*A Duverger.*) Oh!...

Duverger. — Qu'est-ce qu'il y a?

Balok. — Nous nous sommes trompés?

Duverger. — Comment! nous nous sommes trompés?

Balok. — Ça, c'est l'enterrement d'un cordonnier!

# LES BONNES AMIES

Mme DEMAREUIL, *bonne et honnête bourgeoise, quarante-cinq ans.*
M. DEMAREUIL, *bon et honnête bourgeois, pas très fort, cinquante-cinq ans.*
HENRI, *leur fils, vingt-sept ans, très intelligent.*
Mme MONDOIE, *trente-quatre ans, très jolie, très nerveuse, amie presque intime de Mme Demareuil.*
M. MONDOIE, *quarante-trois ans, rien de particulier.*
UN DOMESTIQUE.

### Chez Madame Demareuil

*Avant le dîner.*

Mme DEMAREUIL. — En somme, elle est charmante, cette enfant.

M. DEMAREUIL. — Charmante est le mot. Elle l'est.

Mme DEMAREUIL. — Et puis, d'une bonne famille ! Le père est marchand de tissus et gagne ce qu'il veut, à ce qu'il paraît. Quant à la mère...

M. DEMAREUIL. — Elle est encore très bien... eh ! quoi, ils ont le sac, tout est là.

Mme DEMAREUIL. — C'est la chose essentielle, c'est certain.

M. DEMAREUIL. — Malheureusement, ce diable

d'Henri n'a pas l'air de prendre goût au mariage !...
L'imbécile ! — oh ! ces jeunes gens ! — la belle
affaire qu'il ferait !

Mme DEMAREUIL, *vivement*. — Que nous ferions
tous... car avec tes sacrées inventions, nous en
avons mangé de l'argent, depuis sept ans !

M. DEMAREUIL. — Je te l'accorde,... Cependant,
je suis persuadé que si Henri prend femme et dot..
et s'il consent à verser une centaine de billets de
mille dans ma nouvelle entreprise...

Mme DEMAREUIL. — Ta bicyclette à vapeur... tu es
fou !

M. DEMAREUIL. — Ouais ! tu peux rire... en attendant, c'est le million que nous empocherons chacun... c'est moi qui te le dis, ma bonne.

Mme DEMAREUIL, *s'emportant*. — Ma bonne... je
t'ai déjà répété cent fois de te débarrasser de cette
expression de faubourg... ma bonne !

M. DEMAREUIL. — Es-tu nerveuse !... non mais,
l'es-tu assez ?

Mme DEMAREUIL. — Je suis comme il faut : voilà
ce que je suis. N'importe, si Henri est là, nous
allons lui parler sérieusement, veux-tu ?

M. DEMAREUIL. — Je veux ce que tu veux... tu le
sais bien.

Mme DEMAREUIL, *en l'embrassant*. — Enfant gâté,
va ! (*Elle sonne.*)

Le domestique. — Madame?

Mme Demareuil. — M. Henri est-il de retour?

Le domestique. — Oui, madame.

M. Demareuil. — Et où est-il, qu'est-ce qu'il fait?

Le domestique. — Il est dans sa chambre, monsieur, et en train de lire, je crois.

Mme Demareuil. — Dites-lui que sa mère le demande.

Le domestique. — Bien, Madame.

M. Demareuil. — Veux-tu que je prenne la parole le premier?

Mme Demareuil. — Non, laisse-moi faire.

M. Demareuil. — A ton aise.

(*Henri entre.*)

Henri. — Bonjour, qu'est-ce qu'il y a?

Mme Demareuil. — C'est donc bien intéressant, ce que tu lisais dans ta chambre?

Henri. — Pourquoi?

M. Demareuil. — Ne pas même venir dire bonjour à ses parents en rentrant!

Henri. — C'est vrai. (*Il les embrasse.*) Bonjour.

M. Demareuil. — Et quel est ce livre?

Henri. — *Manon Lescaut.*

M. Demareuil. — Ah! oui, de l'abbé... comment déjà?... j'ai son nom sur le bout de la langue... enfin l'abbé chose...

Henri. — C'est cela.

M. Demareuil. — J'ai dû lire cela aussi quand j'avais ton âge... Est-ce que ce n'est pas l'histoire d'un enfant idiot qui, après avoir été enfermé pendant dix ans ?...

Henri. — Tu confonds, père.

M. Demareuil. — C'est que tu n'es pas encore à la fin... car j'ai une rude mémoire, est-ce vrai, Rosalie ?

M<sup>me</sup> Demareuil. — Très rude... mais ce n'est point pour causer littérature que nous avons dérangé Henri.

M. Demareuil. — C'est juste.

M<sup>me</sup> Demareuil. — Oui ou non, Henri, la petite Boudinard te plaît-elle ?

Henri. — Certes, elle me plaît énormément...

M<sup>me</sup> Demareuil. — Ah !

Henri. — Elle est très intelligente... mais je ne veux pas me marier.

M<sup>me</sup> Demareuil. — Parce que ?

M. Demareuil. — Oui, dis la raison à ta mère.

Henri. — J'ai le temps... j'ai vingt-sept ans.

M<sup>me</sup> Demareuil. — Mais, sans t'en apercevoir, tu passes à côté du bonheur.

Henri. — Bah !

M. Demareuil. — Et quelle situation tu manques ! On n'est pas éternellement jeune !

Henri. — C'est bien pour cela que je veux en profiter.

M<sup>me</sup> Demareuil, *s'emportant*. — Profiter... En voilà un raisonnement!... Et puis, tout ça, c'est des mots!... La petite Boudinard c'est un diamant, tu entends?

M. Demareuil. — Et sans tache, sans défaut.

M<sup>me</sup> Demareil. — C'est rare... Prends-la donc, gros bêta!

Henri. — Je verrai... Je réfléchirai...

(*On sonne.*)

M<sup>me</sup> Demareuil. — Je t'y engage.

(*M. et M<sup>me</sup> Mondoie entrent.*)

M<sup>me</sup> Mondoie. — Bonjour.

M<sup>me</sup> Demareuil. — Vite, qu'on vous embrasse! Est-elle assez belle! quelle toilette, mes enfants!...

M<sup>me</sup> Mondoie. — Moqueuse!

M. Demareuil. — Asseyez-vous donc... Henri, avance donc un fauteuil pour M<sup>me</sup> Mondoie.

Henri. — Voilà.

M<sup>me</sup> Demareuil, *bas à M<sup>me</sup> Mondoie*. — Je suis désolée, ma chère amie!

M<sup>me</sup> Mondoie. — Comment cela?

M<sup>me</sup> Demareuil. — Vous connaissez M<sup>lle</sup> Boudinard?

M<sup>me</sup> Mondoie. — Certes, elle est jolie à croquer.

M<sup>me</sup> Demareuil. — Eh! bien, ce sot d'Henri

hésite pour demander sa main... main qu'elle ne refuserait pas de mettre dans la sienne.

Mme MONDOIE. — Ah!

Mme DEMAREUIL. — Parlez-lui-en donc quand je ne serai pas là, et vantez les qualités de l'enfant... ça le décidera peut-être.

Mme MONDOIE, *se levant*. — Comptez sur moi.

Mme DEMAREUIL. — Dieu, que vous êtes gentille ! Merci.

M. DEMAREUIL, *haut à Mondoie*. — Vous vous installez sur la bicyclette, vous soufflez dans un petit tuyau qui est à la portée de la bouche, la soupape se lève, un jet de vapeur en sort, et allez-y, la machine part à toute vitesse.

M. MONDOIE, *qui n'a pas écouté un mot*. — C'est merveilleux, tout simplement !

M. DEMAREUIL. — J'ai travaillé dix ans pour trouver cela.

M. MONDOIE. — Ça ne m'étonne pas.

M. DEMAREUIL. — Il ne manque que les capitaux.

LE DOMESTIQUE. — Madame est servie.

Mme MONDOIE, *vivement, bas à Henri*. — Qu'est-ce que c'est que cette histoire de mariage ?...

HENRI, *gêné*. — Rien... rien du tout.

Mme MONDOIE. — N'importe... je t'attends demain, chez moi, entre quatre et cinq... et tâche d'être plus exact que la dernière fois.

# LES CANDIDATS

Voici le sujet de composition française qui vient d'être donné dans le ressort de l'Académie de Toulouse, aux candidats à la première partie du baccalauréat ès lettres :

> 1° M. Francisque Sarcey a dit qu'*Œdipe-Roi* était aussi bien composé qu'un drame de d'Ennery. Que faut-il penser de cet éloge ? Est-il mérité ?
> 2° Supposez que M. Zola réponde lui-même à l'article de M. de Vogüé sur la *Débâcle*.
> (*Le Figaro.*)

Gaston, Alfred, Hippolyte, Germain, Gustave, tous candidats, sont assis devant un café et discutent.

Gaston. — Eh ! bien, vieil Alfred, as-tu bien répondu aux questions posées, es-tu content de toi ?

Alfred. — Moi ? Je suis sûr de mon affaire... je serai retoqué.

Gaston. — Allons donc !

Alfred. — Parfaitement. C'est idiot de vous pousser des interrogations comme celles-là ! Zola... c'est très gentil... c'est un grand homme... entendu... Mais quoi ! je ne suis pas forcé de l'avoir lu, moi !

Hippolyte. — C'est très juste, ce qu'il dit là.

Germain. — Et toi, Gaston, sur *Œdipe-Roi* et sur d'Ennery?

Gaston. — N'ayant jamais vu *Œdipe*, j'ai écrit soixante-trois pages sur le *Tour du Monde en quatre-vingts jours.*

Germain. — Épatant !

Hippolyte. — Épatant !

Alfred. — Épatant !

Gaston. — J'ai tout raconté : l'attaque du chemin de fer, l'histoire des serpents, etc..., etc...

Germain. — Épatant...

Hippolyte. — A-t-il une mémoire, cet animal-là !

Alfred. — Et toi, Gustave?

Gustave *souriant*. — Oh ! moi, je suis tranquille. Reçu ou non, je m'en moque. Je veux faire des pièces de théâtre, n'est-ce pas?

Tous. — Oui.

Gustave. — Alors, j'ai dit qu'*Œdipe-Roi*, c'était très bien, mais que le capitaine Grant, lorsqu'il est au pôle Nord, est ridicule de se promener en chemise de flanelle avec un fusil sur l'épaule.

Hippolyte. — C'est très juste ce qu'il dit là.

Gustave. — De plus, j'ai ajouté : « Œdipe, c'est un nom bizarre et qui me déplaît. D'Ennery, c'est du mélo... il n'y a que Gandillot... absolument que Gandillot... ! A la bonne heure, lui, il trouve des noms très simples : Ferdinand le Noceur, les Femmes collantes... voilà du théâtre, qui fait rire aux larmes !... » Comme ça, vous comprenez, ça fera plaisir à Sarcey, et quand on jouera une pièce de moi, j'aurai un bon feuilleton dans le *Temps*.

ALFRED. — Épatant !

HIPPOLYTE. — Épatant !

GASTON. — Épatant !

# SCÈNE DE TOUS LES JOURS

Lui, *entrant en se frottant les mains.* — Bonjour, ma chatte... bonjour, petit loup.

Elle. — Qu'est-ce que tu as ? en voilà une gaîté !

Lui. — Pourquoi ? j'ai tort de rire ?

Elle. — Je ne dis pas ça.

Lui. — Eh bien ! alors ?

Elle. — Mais tu as un air...

Lui. — Allons, bon ! voilà que j'ai un air, maintenant ! Hier, j'étais trop triste... aujourd'hui, je suis trop gai !... Flûte ! je ne peux pas me couper en deux... et avoir, pour te faire plaisir, une moitié du corps souriante et l'autre moitié navrée... ça m'est mathématiquement impossible, chère amie.

Elle. — Oh !... chère amie !... Tu n'as pas pas fini !...

Lui. — Tiens, je vais lire mon journal ; ça vaudra mieux que de discuter.

ELLE. — Tu es poli. On ne te voit pas de la journée, et quand tu rentres...

LUI. — Et quand je rentre, c'est pour être bien reçu.

ELLE. — Pas possible !... Je ne connais pas tes parents, mais tu pourras leur dire de ma part qu'ils t'ont donné une belle éducation... oh ! oui, parlons-en.

LUI. — Laisse donc mes parents tranquilles. Est-ce que je m'occupe de ta famille, moi ?

ELLE. — Ma famille !... ma famille !... Tu sauras, mon cher, qu'elle vaut la tienne ! A t'entendre, ma parole, on dirait que tu sors de la cuisse de Jupiter !

LUI. — En tous cas, toi, j'ignore de quelle cuisse tu sors... mais il y a une chose que je sais... c'est que ce ne devait pas être une cuisse ordinaire... Ah ! fichtre ! quel caractère !

ELLE. — Si mon caractère te déplait... je ne te retiens pas, la porte est ouverte.. et toute grande, encore.

LA BONNE. — Madame est servie.

ELLE. — Je ne mange pas.

LUI. — Alors, moi non plus.

ELLE. — A ton aise.

(*Un silence.*)

LUI. — Oh ! après tout, faudrait être idiot !... je crève de faim, j'y vais.

ELLE, *le suivant*. — Et quand je pense que j'allais me priver de manger pour voir si ça te ferait de la peine !... Ah ! tu es un joli coco !

*Et après le dîner.*

LUI. — Au revoir.

ELLE. — Tu sors ?

LUI. — Comme tu vois.

ELLE. — Moi aussi.

*A 2 heures du matin.*

ELLE, *narquoise*. — T'es-tu bien amusé, au moins ?

LUI. — Beaucoup. Et toi ?

ELLE. — Énormément... Et, sans indiscrétion, peut-on te demander où tu as passé ta soirée ?

LUI. — Au cercle. J'ai joué comme un fou.

ELLE. — Tu as perdu beaucoup ?

LUI. — Gagné cinquante louis.

ELLE, *subitement aimable et tendre*. — Dis donc, chéri ?

LUI. — Quoi ?

ELLE. — Au fond, faut que j'aie quelque chose pour toi... puisque je m'intéresse à tout ce que tu fais... Pas vrai ?...

LUI. — Oui... oui...

ELLE, *rêveuse*. — Ah !... tu as gagné cinquante louis !...

# TRANQUILLITÉ PERDUE

Martin. — Où vas-tu comme ça ?
Blanchard. — Est-ce que je sais, moi !...
Martin. — Quelle sale tête tu fais ! T'es de mauvaise humeur ?
Blanchard. — Je te crois.
Martin. — Qu'est-ce que tu as ? T'es ennuyé ? Qu'est-ce qui t'arrive ?
Blanchard. — Il arrive que désormais ton vieil ami ne pourra plus vivre tranquille !... Oh ! les femmes !... Quelle vermine !
Martin. — Je te conseille de te plaindre, la tienne est charmante.
Blanchard. — Ah ! oui, parlons-en. J'étais si heureux, si heureux d'être cocu !
Martin. — Qu'est-ce que tu dis ?
Blanchard. — J'étais libre comme l'oiseau qui vole ! J'allais à droite, à gauche ; je rentrais à mes heures... Maintenant, hélas ! va te faire fiche ! le bon temps est fini !

MARTIN. — Ah ça, est-ce que tu serais devenu complètement gâteux, par hasard?

BLANCHARD. — Que non.

MARTIN. — Alors, explique-toi.

BLANCHARD. — Est-ce nécessaire, est-ce utile de te confier mes chagrins?

MARTIN. — Parle, et si je peux faire quelque chose pour toi...

BLANCHARD. — Merci... tu es un brave cœur! mais personne ne peut me rendre ce que j'ai perdu.

MARTIN. — Vraiment!

BLANCHARD. — L'imbécile!...il a dû faire des imprudences, c'est certain; il s'est peut-être déshabillé ayant très chaud!...Quelle guigne! Il était si bien portant, cependant, il y a encore huit jours!... Et moi, comme j'étais content de vivre à ma guise! Plus de scènes, plus de colères à propos de rien! elle était toujours souriante, aimable, prévenante... elle ne m'aimait plus; de mon côté elle m'était indifférente... C'était le paradis sur terre, quoi!

MARTIN. — Ah! ça...

BLANCHARD. — Je filais après le dîner, j'allais au cercle, au théâtre... et seul!... toujours seul!... le rêve! J'aurais pu divorcer, certes, mais pour quoi faire? du bruit? du scandale? mon nom dans toutes les bouches?... Ah! mon Dieu, quel heureux homme j'étais!...

Martin. — Mais, sacrédié! de qui donc parles-tu? qui pleures-tu?

Blanchard, *les larmes aux yeux.* — L'amant de ma femme qui vient de mourir.

Martin. — ! ! !

# LE BAIN DE PIEDS

M. PINGLARD, *regardant sa montre.* — S... redié de sacredié, va! trois heures moins un quart, j'ai juste le temps!... Un rendez-vous!... J'ai un rendez-vous!... et avec une femme connue, par-dessus le marché!... Y a pas, faut faire un bout de toilette!... (*Il enlève son veston, son pantalon et le reste*). Nous allons d'abord commencer par nous laver les mains... (*Après s'être essuyé.*) Là... et d'une!... Maintenant passons à l'eau notre petite gueu... gueule!... (*Il se fourre la tête dans la cuvette.*) Et de deux... Ah! ça fait tout de même du bien, de se nettoyer!... je suis frais comme une rose!... j'ai l'air d'avoir dix ans de moins!... (*Après avoir réfléchi un moment.*) Ouais... mais ce n'est pas tout!... et mes pétons?... mes pieds?... faut aussi... (*Il va pour sonner.*) Non, ma femme viendrait pour savoir... j'aime mieux aller chercher moi-même de l'eau chaude à la cuisine... comme ça, rien à craindre... (*Il repasse son panta-*

lon, son veston, court à la cuisine et revient dans son cabinet de toilette.) Là... ainsi je suis tranquille... (Se baissant.) Et le bain de pieds ?... où l'a-t-on fourré, ce sacré bain de pieds ?... (Se frappant le front.) Que je suis bête !... non, faut-il que je sois bête !... nous n'en avons jamais eu !... (Il pose la cuvette à terre.) Là-dedans, ça marchera très bien. (Mettant ses pieds dans l'eau et poussant un soupir de satisfaction.) Ah !... bon sang !... ah !... ça fait toujours plaisir !... faudra que je me paye ce luxe-là plus souvent !... Cristi ! J'ai les pieds tout rouges !... bah ! ils pâliront tout à l'heure !... Dieu de Dieu ! que je suis content !...

M<sup>me</sup> PINGLARD, *à la cantonade.* — Ernest ?... Ernest ?... où es-tu donc !...

M. PINGLARD, *pâlissant subitement.* — Saperlipopette !... Léontine !... fichu... je suis fichu !...

M<sup>me</sup> PINGLARD, *pousse la porte du cabinet de toilette et s'arrête sur le seuil, stupéfaite.* — Monsieur Pinglard, vous allez me tromper !...

# LES TYPES CHICS

*En remontant l'avenue des Champs-Elysées*

GEORGES. — Comme te v'là mis ! Tu as donc fait un héritage ?

ARTHUR. — Je te dispense de la suite.

GEORGES. — Et où vas-tu, si beau ?

ARTHUR, *souriant*. — Ah !.. voilà !... Mais ça ne se voit donc pas ?

GEORGES. — Non.

ARTHUR. — Chez une femme, parbleu !... et une chouette.

GEORGES. — Comment s'appelle-t-elle ?

ARTHUR. — Peux pas te le dire.

GEORGES. — Une du monde.

ARTHUR. — Crétin !... Je ne te ferais pas poser... si c'était ça.

GEORGES. — Alors, vraiment quelque chose de bien ?

ARTHUR. — Épatant, mon cher... elle a trois amants !

GEORGES. — Elle doit être bien fatiguée !...

ARTHUR. — Non... paraît que ce sont des pères pour elle.

GEORGES. — Jobard !

ARTHUR. — Jobard ou non, il n'en est pas moins vrai que je m'en trouve très bien... et à l'œil, mon cher.

GEORGES. — Tu m'en diras tant ! Voyons, dis-moi son nom... Comment est-elle ?... Blonde ?

ARTHUR, *après un combat intérieur*. — Oui.

GEORGES. — A-t-elle un hôtel ?

ARTHUR, *vivement*. — Je te crois... et épatant, encore !

GEORGES. — Des chevaux.

ARTHUR, *exultant*. — Cinq.

GEORGES. — T'en as une veine ! Avec tout cela, je ne devine pas.

ARTHUR. Eh ! bien, je ne veux pas te faire languir plus longtemps... Isabelle...

GEORGES. — La Catholique ?

ARTHUR. — Imbécile !... Isabelle d'Edredon. La connais-tu ?

GEORGES, *stupéfait*. — Si je la connais !... Oh ! mon pauvre vieux ! mon pauvre vieux ! mon pauvre vieux !!

ARTHUR. — Qu'est-ce qui te prend ? Tu as l'air ahuri !

Georges. — Il y a de quoi : Isabelle d'Édredon ! Tu blagues, c'est pas possible, t'es gâteux, elle est affreuse...

Arthur. — Ça dépend des goûts... Je t'accorde que sa beauté n'est pas très régulière...

Georges. — Elle est idiote, avec ça.

Arthur — Je n'aime pas les femmes supérieures.

Georges. — Mais bon dieu de bon dieu ! elle a cent six ans, ta maîtresse. Qu'est-ce qui peut te plaire en elle ?

Arthur. — Elle est si bien installée !

# SCÈNE DE TOUS LES JOURS

Elle, *continuant une conversation commencée.* — Ainsi Jean était un charmant garçon. Pas très fort, ça c'est certain.

Lui. — Ah !

Elle. — Mais il avait l'argent facile. Tu veux des gants ? Bon, tiens, voici vingt-cinq louis, cours t'en acheter.

Lui. — Crédié !

Elle. — En somme, je n'ai jamais eu à me plaindre de lui, non. Un peu vieux pour moi, c'est le seul défaut que je lui reprochais.

Lui. — Quel âge avait-il ?

Elle. — Cinquante-cinq ans... Et Georges !... oh ! Georges !

Lui. — Qu'est-ce que c'est que ça, Georges ?

Elle. — Comment, je ne t'ai pas raconté ?... Eh bien ! c'est celui qui est venu après Jean.

Lui. — Ah ! ah !

Elle. — Drôle de caractère ! emporté, violent et

jaloux!... c'en était ridicule! ainsi quand mon chien sautait sur mes genoux pour venir m'embrasser, crois-tu que cet imbécile se levait et passait dans une autre pièce ?

Lui. — Le crétin!

Elle. — Mais, malgré cela, il m'amusait, car je ne peux pas dire le contraire : il était d'un rigolo!... toujours le mot pour rire!... Il m'a quittée pour une bêtise.

Lui. — Laquelle ?

Elle. — Je l'avais trompé dans un moment de folie, avec un de ses bons camarades.

Lui. — Je comprends qu'il t'ait lâchée.

Elle. — Eh! bien, tu es idiot.

Lui. — Parce que ?

Elle. — Puisque je te dis que c'était dans un moment de folie!... N'importe! comme tu vois, j'ai eu avant toi des amants un peu chouettes!...

Lui. — Certes. (*Un temps.*) Moi, il y a deux ans, avant de te rencontrer, j'étais avec une femme exquise et, ma foi, jolie comme un amour! De plus elle était désintéressée... ce qui, à mon point de vue, est une qualité supérieure chez la femme.

Elle. — Naturellement.

Lui. — Et avec quelle joie elle m'empoignait le cou quand je rentrais le soir!... Te voilà, mon chéri ?... te voilà, ma petite cocotte ?... C'est cela, je me souviens, elle m'appelait toujours : sa petite cocotte.

Elle, *s'énervant*. — Ah !... vraiment...

Lui. — Oui. Avant elle j'étais avec une nommée Juliette. Oh ! cette Juliette !... Bon Dieu, quelle femme ! des mains grandes comme ça, des pieds...

Elle. — Tu sais : ses pieds, ses mains, je m'en moque et tu commences à m'embêter ! Quand tu auras fini de parler de tes anciennes maîtresses, tu me le diras ?

Lui. — Mais, mon mignon...

Elle. — Zut !... si elles sont si épatantes que ça, retournes-y et fiche-moi la paix ! Bonsoir.

Lui. — !!!!

# SCÈNE DE TOUS LES JOURS

Lui. — Eh! bien, oui, je t'ai trompée, là!... et puis après?

Elle. — Et puis après? Ça prouve que tu ne m'aimes pas, voilà tout.

Lui. — La bonne blague!... On peut faire une... farce à sa maîtresse et l'adorer tout de même.

Elle. — Qu'avait-elle donc, cette femme, pour te plaire plus que moi?

Lui. — Oh! pas grand'chose.

Elle. — Était-elle jolie, au moins?

Lui. — Oui... assez.

Elle. — Autant que moi?

Lui. — Ça, non.

Elle. — Parbleu! pas de danger que tu oses dire le contraire.

Lui. — Pourquoi?

Elle. — Parce que tu as peur.

Lui. — Peur? peur de quoi?

Elle. — D'être giflé par moi.

Lui. — Par toi?

Elle. — Et ne fais pas le malin; tu vas en recevoir une tout de suite.

Lui. — Bébé, va!

Elle. — Et tu comptes y retourner chez cette grue?

Lui. — Jamais.

Elle. — Jure-le!

Lui. — Je te le jure.

Elle. — Sur quoi.

Lui. — Sur ta vie.

Elle. — Elle était gentille?

Lui. — Peuh! comme ça.

Elle. — Tu l'as tutoyée tout de suite, naturellement.

Lui. — Oh! non... au bout d'un quart d'heure seulement.

Elle. — Faut-il que tu sois dégoûtant tout de même!... Et peut-on te demander combien tu lui as donné?

Lui. — Pas beaucoup.

Elle. — Enfin, combien?

Lui. — Dix louis.

Elle. — Dix louis?

Lui. — Oui.

Elle. — Mais laisse-moi te dire que tu es le dernier des mufles.

Lui. — Parce que?

Elle, *furieuse*. — Dix louis!... Et à moi tu m'en verses vingt-cinq par mois!

Lui, *très calme*. — Juste... mais, elle, c'était une femme nouvelle... tandis que toi je te connais depuis trois ans : voilà la différence.

# L'ERREUR

Monsieur. — Allons, à table, les enfants!

Madame. — Qu'est-ce que tu as?

Monsieur. — Comment, ce que j'ai?

Madame. — Tu as l'air nerveux, inquiet.

Monsieur. — En voilà une idée!... j'ai faim, voilà tout.

(*Un long silence. — Monsieur, Madame et les deux petits mangent leur soupe.*

Madame. — Alors, c'est toujours à huit heures que nous partons demain?

Monsieur. — Absolument. Pourquoi me demandes-tu cela?

Madame. — Parce que je trouve que c'est un peu tôt; il y a un train à une heure qui est si commode!

Monsieur. — Ça se peut... mais je suis pressé de m'en aller. Tes malles sont terminées, j'espère?

Madame. — Oui.

Monsieur. — Alors, c'est parfait; (*Aux enfants*) et

vous autres, si vous êtes sages, je vous donnerai ce que j'ai acheté cette après-midi pour vous.

Un des petits. — Qu'est-ce que c'est, papa? (*Il se lève et renverse sa soupe*).

Madame, *furieuse*. — Petit cochon!... regarde ce que tu viens de faire!... une nappe toute blanche!

Monsieur. — Bah! ça ne fait rien. (*En se frottant les mains*) Dieu de Dieu! que je suis content de filer! Je vais en boire de ce bon soleil...

Madame. — Dans le Midi il fait parfois aussi froid qu'à Paris.

Monsieur. — Quelle bonne plaisanterie! Que veux-tu? j'éprouve le besoin de m'en aller loin, très loin.

La Bonne, *entrant*. — Monsieur, on vient pour les Panamas...

Monsieur, *souriant*. — Ah! ah! très bien.

Madame *se lève et devient toute pâle*. — Pour les Pa..., pour les Panamas, avez-vous dit!

La Bonne. — Oui, madame.

Monsieur. — Qu'est-ce que tu as?

Madame, *suffoquée*. — C'est donc ça... je comprends tout... ce départ précipité... tu as touché aussi au Pa... pa... (*Elle tombe raide sur le parquet*)

*La bonne saute sur la carafe et verse de l'eau sur le visage de Madame. Les enfants hurlent, le chien aboie... Monsieur, lui, demeure stupéfait.*

## L'ERREUR

Monsieur, *se remettant*. — Bon Dieu de bon sang !... non, mais est-elle bête ! et vous, sales mioches, allez-vous vous taire !...

Madame, *revenant à elle*. — Malheureux !... toi aussi ?

Monsieur. — Mais...

Madame. — Perdus !... nous sommes perdus !

Monsieur. — Enfin, sacrédié, vas-tu me laisser placer un mot ! Ce sont des chapeaux, des Panama, pour les petits et pour moi...

Madame. — Vrai !

Monsieur. — Mais oui, grande enfant.

Les deux petits, *les larmes aux yeux*. — Zure-le, papa ?

Monsieur. — Ah ! vous, fichez-moi le camp ; vous m'embêtez !

# SCÈNE DE TOUS LES JOURS

Lui. — Tu sais, les deux petites tasses en argent?...

Elle. — Eh bien?

Lui. — Elles n'étaient plus chez le marchand.

Elle. — Tu voulais donc me les acheter?

Lui. — Non... mais j'ai passé devant pour voir si elles y étaient toujours.

Elle. — Ah!

Lui. — Je suis persuadé que tu donnerais beaucoup pour les avoir! Malheureusement, je ne suis pas assez riche en ce moment; sans cela...

Elle. — Pauvre chéri!... je n'en doute pas une seconde, et je suis certaine que tu ferais tout au monde pour me faire plaisir.

Lui. — Certes.

*Un long silence.*

Elle. — J'ai rencontré M. Georges Delaque, hier, sur le boulevard.

Lui. — Alors?

Elle. — Il m'a dit : Vous êtes plus jolie que jamais !... et comme justement j'étais en train d'admirer les deux petites tasses en argent, il ajouta : Me permettez-vous de vous les offrir, chère amie ?

Lui. — Tu as refusé, je suppose ?

Elle. — C'est bête... je n'ai pas osé.

Lui. — Charmant !

Elle. — Oh ! pourquoi ?... ce n'est pas bien grave, voyons, mon loup.

Lui. — Enfin, sacrédié ! je ne le connais pas, ce monsieur-là !

Elle. — Je t'ai déjà raconté cent fois que c'était l'ancien amant d'une camarade à moi... alors, vraiment, il n'y a pas de quoi se fâcher.

Lui. — Tu trouves !

Elle. — Mais oui, je trouve.

Lui. — Eh ! bien, tu trouves mal.

Elle. — Grand enfant, vilain jaloux, puisqu'il n'y a que toi !

Lui. — Je ne dis pas le contraire... mais je n'admettrai jamais que tu reçoives des cadeaux de gens que je n'ai jamais vus.

Elle. — Es-tu assez bêta !

Lui. — Peut-être.

Elle. — Veux-tu que je te le présente ?

Lui. — Il me semble que ce serait plus convenable.

Elle. — Alors, quand tu auras fait sa connaissance, tu ne crieras plus après moi, si j'accepte ses petits cadeaux... c'est sa manie.

Lui. — Non...

Elle. — Bien vrai? Tu me le jures?

Lui. — Je te le jure.

Elle. — Tu es un ange.

Lui. — Non, je suis un homme propre...

Elle. — Ça, sûr.

Lui. — Et quand je lui aurai serré la main, je trouverai tout naturel qu'il soit aimable avec toi.

Elle, *lui sautant au cou*. — Adoré, va!

Lui. — Je suis délicat, voilà tout.

# SCÈNE DE TOUS LES JOURS

Elle. — Alors tu me quittes ?

Lui. — Je te quitte.

Elle. — Et rien! pas une larme, pas un regret!

Lui. — Il y a des gens qui ont de gros chagrins et qui ne pleurent pas.

Elle. — Ça...

Lui. — Je t'assure.

Elle. — Si ça te fait vraiment quelque chose, pourquoi me lâches-tu ?

Lui. — Tu le sais bien.

Elle. — Histoire d'argent, n'est-ce pas ?

Lui. — Oui... je suis ruiné... ou à peu près.

Elle. — Et tu vas me dire que c'est à cause de moi, naturellement.

Lui. — Non... quoique ce soit avec toi que j'aie tout mangé...

Elle. — Tout mangé... tout mangé...

Lui. — Mon Dieu! je ne crois pas exagérer. J'avais deux cent mille francs.

ELLE. — J'en ai dépensé cent.

LUI. — Et pour en avoir plus, tu m'as donné le conseil de jouer... parfaitement.

ELLE. — Est-ce de ma faute, si tu as perdu ?

LUI. — Inutile de crier, ni de t'agiter ainsi... je ne t'accuse pas.

ELLE. — C'est fort heureux.

LUI. — Je constate seulement qu'il faut en rester là et nous séparer en bons camarades.

ELLE. — Combien as-tu encore ?

LUI. — Dix mille francs à peine.

ELLE, *très tendre*. — Grosse bête, on s'arrangera.

LUI. — Non... je suis décidé...

ELLE. — Eh ! bien, va-t'en au diable !... tu m'embêtes, à la fin.

LUI. — Tout est donc pour le mieux.

ELLE. — En voilà encore un juif !... je m'en fiche, de ton argent !

LUI. — Maintenant... je comprends cela.

ELLE. — Dirait-on pas que je t'ai mis sur la paille !...

LUI. — Tu as tort de te mettre en colère. En somme, je suis très chic...

ELLE. — Vraiment.

LUI. — Il y a des hommes qui cramponnent les

femmes lorsqu'ils n'ont plus le sou... moi, je m'en vais.

Elle. — Bonsoir.

Lui. — Au revoir.

Elle. — Oh! je ne t'empêche pas de m'embrasser.

Lui. — Je veux bien. (*Il l'embrasse du bout des lèvres*).

Elle, *tendre*. — Sois pas méchant... mieux que ça.

Lui. — Voilà.

Elle. — Je te connais... si j'ai un jour besoin de cinquante louis, tu me les enverras tout de même... pas vrai?

Lui. — Mais oui.

Elle. — Je suis nerveuse, c'est une justice à me rendre... mais je suis une bonne fille au fond.

*Elle l'accompagne jusqu'à la porte. Il descend lentement l'escalier.*

Elle, *lui envoyant un baiser*. — Tiens, petit loup... Et, puis, dis donc?

Lui. — Quoi?

Elle. — Au cercle, va pas raconter à tes amis que c'est moi qui t'ai fichu la guigne...

# SCÈNE DE TOUS LES JOURS

*Il est cinq heures du matin. Il est très en retard. Il monte quatre à quatre l'escalier, pousse la porte, et stupéfait :*

Lui. — Tu es folle! que fais-tu là, debout, en chemise, devant cette fenêtre ouverte ?

Elle. — Ce que je fais ?

Lui. — Oui.

Elle. — Je suis en train d'attraper une pleurésie... ni plus, ni moins.

Lui. — Comme c'est malin !

Elle. — Tu trouves ?

Lui. — Tu es absolument stupide !... ferme ça.

Elle. — Je t'en conjure, ne touche pas à cette croisée... je ne sais ce que je te ferais.

Lui. — Qu'est-ce que tu as, ce soir ?

Elle. — Ce soir !... tu oses dire : ce soir, quand il est cinq heures du matin !... Tais-toi !... Oui, je veux tomber malade, bien malade, une bonne fois et en finir !... J'ai déjà un gros rhume, tu ne l'ignores pas?... En demeurant dans ce costume... je suis certaine de ne pas pouvoir me lever demain... et puis, je n'ai pas besoin de tes soins et de tes baisers... Va où tu veux, tu es libre, oh! oui, tu l'es, car j'en ai par-dessus la tête...

Lui. — Allons, chérie, sois gentille et ferme cette fenêtre.

Elle. — Jamais ! (*Un silence.*) Et d'où viens-tu si tôt ?

Lui. — De faire un petit poker chez des amis.

Elle. — Menteur!... menteur!... menteur!...

Lui. — Parole d'honneur. Du reste, tu connais tous ceux qui y étaient. Il y avait : Asmédée, Myrtil, Danaple, Sanmar, Feins ; il y avait encore...

Elle. — Menteur!...

Lui. — Asmédée... a perdu beaucoup... et, pourtant, il joue assez serré, cet animal-là ! Quant à Suzanne, la femme de Myrtil, elle en a fait une bien bonne : Figure-toi qu'elle n'avait pas l'ouverture et...

Elle. — Ah! non, garde ces histoires-là pour toi, je t'en prie.

Lui. — Eh bien ! va au diable !

Elle. — Au diable!... Ah ! au diable!... Tiens donc... (*Elle renverse les meubles.*) Au diable!... Tiens donc... (*Elle casse la pendule.*)

Lui. — Charmante maîtresse !

Elle. — Pincer une fluxion de poitrine pour tes beaux yeux, mais faudrait être la dernière des dindes ! (*Elle ferme la fenêtre.*) Ah ! tu joues ! Ah ! tu me laisses à la maison comme un chien !... Eh bien ! je vais faire la noce, moi aussi... et dans les grands prix.

Lui. — Je m'en fiche !

Elle. — Parbleu ! tu n'es qu'un lâche ! (*Elle pleure.*)

Lui, *à part*. — Zut ! voilà les larmes !

Elle. — Adieu, Henri ! (*Elle va vers la fenêtre, l'ouvre et fait mine de se précipiter.*)

Lui (*l'empoignant à bras-le-corps*). — Bon Dieu !

*Et le lendemain matin :*

Elle. — Faut-il que je t'aime tout de même pour avoir voulu me jeter du premier étage, dis !

Lui. — Oh ! oui...

Elle. — Et si j'étais tombée, qu'est-ce que tu aurais fait ?

Lui, *après avoir longuement réfléchi*. — Je serais descendu voir......

Elle, *lui sautant au cou*. — Mignon, va !

# SCÈNE DE TOUS LES JOURS
## LA CHEMISE

Elle. — Je ne suis pas curieuse, mais je voudrais bien savoir...

Lui. — Pourquoi cette femme blonde...

Elle. — Non... où tu vas tous les vendredis?

Lui. — Comment, où je vais?

Elle. — Oh! inutile d'ouvrir de grands yeux, inutile aussi de chercher un nouveau mensonge; tu as très bien compris.

Lui. — Je te l'ai répété cent fois déjà.

Elle. — Vraiment...

Lui. — Je passe, après avoir dîné, la soirée chez Durandin, un vieil ami de mon père... décoré de la médaille militaire.

Elle — Es-tu sûr?

Lui. — Si je suis sûr! Je ne suis pas encore complètement idiot : je sais ce que je dis.

Elle. — Je t'admire, ma parole d'honneur! J'ai

rarement vu un homme mentir avec autant d'aplomb.

Lui. — Je mens, moi!

Elle. — Non, tu es un ange, et c'est moi qui ai tort... j'ai toujours tort, du reste. (*Les dents serrées.*) Pas vrai, mon chéri?

Lui. — Tiens, tu es ridicule; il est deux heures, couchons-nous, ça vaudra beaucoup mieux. (*Il se déshabille.*)

Elle. — Tu es fatigué, hein!

Lui. — Pas précisément. J'ai envie de dormir, voilà tout.

Elle. — Mais avoue-le donc, que tu es éreinté... avoue-le donc!... Regarde-toi dans la glace!... Ah! tu as une jolie tête, oui!... Si tu continues longtemps ce manège-là, tu seras frais dans deux ans.

Lui. — Quel manège?

Elle. — Alors, tu te figures que je ne m'aperçois de rien? Tu te figures que j'ignore que c'est le vendredi que tu me trompes...

Lui. — Ah! bien, celle-là est forte, par exemple!

Elle. — Je mens, n'est-ce pas?

Lui. — Sûr, que tu mens... et si j'avais l'intention de faire des infidélités à ma chatte...(*Il essaie de l'embrasser.*)

Elle, *le repoussant*. — Ne me touche pas!

Lui. — Ce n'est pas le vendredi que je choisirais... ça porte malheur.

Elle. — En effet... (*Elle ouvre l'armoire et sort une chemise.*) Chez quelle femme as-tu été, ce soir?

Lui. — Ah! tu m'embêtes!

Elle. — Je m'en doute... (*Agitant la chemise*). Chez quelle femme as-tu été ce soir?

Lui. — Flûte!

Elle. — Je te fais tous mes compliments : tu changes de chemise, paraît-il, avant de la quitter.

Lui. — Tiens, tu es par trop sotte.

Elle. — Avant, quand tu rentrais, ton plastron était toujours froissé... aujourd'hui, comme tous les vendredis, il est uni comme la glace.

Lui. — J'ai pas remarqué.

Elle. — Mais je suis aussi roublarde que toi. Regarde ta chemise.

Lui. — Je ne fais que ça.

Elle. — Tourne-la.

Lui. — Voilà.

Elle. — Compte les petits plis qui sont dans le dos, au-dessous du col.

Lui. — Et, quand je les aurai comptés, qu'est-ce que ça prouvera?

Elle. — Ça prouvera que tu m'as trompée.

Lui. — Allons, tu es folle!

Elle. — Du tout. J'ai ordonné à ma blanchisseuse de blanchir et de repasser tes chemises de la même façon. Compte donc les plis.

Lui. — Un, deux, trois, quatre, cinq, Ça fait cinq.

Elle — Et, dans celle-ci, il y en a neuf... Et maintenant, ose dire que tu n'es pas un sale menteur.

Lui. — !!!

# SCÈNE DE TOUS LES JOURS

## L'AMOUR

---

Lui. — Pourquoi es-tu triste, ma chérie, dis ?
Elle. — Parce que je t'aime trop.
Lui. — Oh !
Elle. — Hélas ! c'est la pure vérité ! Avant toi, il y en avait un autre, c'est certain... mais je n'avais pas ça d'amour pour lui.
Lui. — Je t'aime aussi, mignonne... et je suis gai pourtant... je suis de bonne humeur tout de même... je ris... tiens, regarde comme je ris.
Elle, *en soupirant*. — Ah ! tu ne te doutes pas du mal que tu me fais !
Lui. — Quel mal ?
Elle. — Mais tu ne vois donc pas que je souffre atrocement quand tu es aimable avec mes amies !
Lui. — C'est forcé... je suis poli... rien de plus..., ça prouve que je suis bien élevé, voilà tout.

Elle. — On peut être bien élevé, sans, pour cela, serrer de trop près les femmes qu'on rencontre ; mais toi, tu ne peux t'en empêcher : le premier jupon que tu aperçois te fait perdre la tête.

Lui. — Je t'assure que tu exagères.

Elle. — Je te connais si bien ! Hier encore, pendant le dîner, j'ai tout remarqué, tu sais.

Lui. — Quoi donc ?

Elle. — Tu prenais le pain de ta voisine et tu lui passais le tien après.

Lui. — Pour plaisanter.

Elle. — Je ne t'en veux pas, c'est ta nature, tu es né comme ça... il n'y a rien à faire.

Lui. — Allons, vilaine, souriez tout de suite et ne boudez plus.

Elle. — Je ne boude pas... je suis désolée et j'ai envie de pleurer.

Lui. — Tiens, tu es absolument ridicule, ni plus, ni moins.

Elle. — Oui, tu as raison, c'est ridicule d'aimer.

Lui. — Habille-toi et sortons, ça te distraira ?

Elle. — Non, il fait trop froid, et je me sens mal à mon aise.

Lui. — Veux-tu jouer aux dames, aux dominos ?

Elle. — Non, chéri, je ne suis pas en train.

Lui. — Veux-tu te coucher ?

Elle. — Je ne dormirais pas.

Lui. — J'ai touché cinquante louis aujourd'hui; en veux-tu la moitié? (*Lui tendant un billet*) Tiens...

Elle. — Tu m'aimes donc vraiment?... (*Elle lui saute au cou.*)

Lui. — Je sais surtout te prendre.

Elle. — Adoré, va!

# SCÈNE DE TOUS LES JOURS

## LA RUPTURE

Elle. — Drôle d'existence !

Lui. — Oui.

Elle. — Voilà... on se lasse même du ciel toujours bleu !... encore plus d'une femme qu'on n'aime plus !

Lui. — L'affection est là.

Elle. — L'affection ? Le grand mot de ceux qui vous lâchent et qui veulent vous consoler ! L'affection ! une bonne blague qui n'existe pas.

Lui. — Oh ! tu as tort de dire cela !

Elle. — Bah ! tu as raison, on ne peut éternellement rester ensemble ! La corde, qui pendait jadis, s'est redressée aujourd'hui... et comme il y en a un des deux qui tire dessus, elle va finir par se rompre.

Lui. — C'est la vie !

Elle. — Triste !... Triste !...

Lui. — Hélas !

Elle. — Tu m'aimais beaucoup, autrefois, pourtant.

Lui. — Certes.

Elle. — Moi aussi.

Lui. — J'en suis sûr.

Elle. — Et maintenant, tu n'as plus que de l'indifférence pour moi.

Lui. — Non : une grande amitié... amitié solide.

Elle, *de plus en plus navrée.* — Je te crois. En somme, tu n'es pas méchant, tu as du cœur, et je dois dire que tu m'as souvent fait passer des moments délicieux.

Lui. — Toi de même.

Elle. — Et quand je pense que demain tu chercheras une autre femme !

Lui. — Oh ! non !... ça, je te le jure !... je n'en veux plus !... je tiens à rester garçon.

Elle. — Bébé, va !

Lui. — Pourquoi ?

Elle. — Éternelle rengaine des amants qui quittent leurs maîtresses ! En parlant ainsi, tu es sincère, j'en suis persuadée, et tu me regretteras sans doute pendant quelque temps... mais après, tu songeras à ton ancienne compagne, plus rarement... et, finalement, ennuyé d'être seul, ennuyé de ne pouvoir confier à ersonne tes chagrins ou tes petits plaisirs, tu prendras une amie. Ce jour-là, je n'existerai plus pour toi.

Lui. — Oh !

Elle. — C'est ainsi.

Lui. — Mais toi, de ton côté, tu en feras, sans doute, tout autant.

Elle. — Probablement... faut vivre.

Lui. — N'importe, on se dira au revoir en bons camarades, veux-tu ?

Elle. — Ça vaut mieux que de se quitter fâchés.

Lui. — Et quand on se rencontrera, on se donnera la main.

Elle. — Oui.

Lui. — Et quand tu auras besoin de quoi que ce soit, tu me trouveras toujours.

Elle. — Bien. (*Un temps.*) Du reste, j'ai remarqué que l'amant, en devenant l'ami, devenait, en même temps, plus gentil, plus serviable...

Lui. — Ça, c'est certain.

Elle. — Alors, disons-nous adieu ce soir.

Lui, *en se levant.* — Adieu, Berthe. (*Il l'embrasse sur le front.*)

Elle. — Oh ! je te permets de m'embrasser mieux que cela... c'est la dernière fois !

Lui, *plus tendre.* — Là.

Elle. — Et j'ai un service à te demander !

Lui. — Parle.

Elle. — Voudrais-tu me *prêter* une vingtaine de louis... bon ami !

Lui. — !!!

# SCÈNE DE TOUS LES JOURS

Lui. — Zut ! là, est-ce assez net ?

Elle. — Espèce d'insolent !

Lui. — Bon, parfait, entendu !.. Ah ! crédié, de crédié, de crédié !... si je ne me retenais pas...

Elle, *très froide*. — Que ferais-tu ?

Lui. — Je casserais tout ici... et toi avec.

Elle. — Oui, ça t'embête que je t'aie rencontré avec une femme.

Lui. — Et ne me nargue pas, surtout !... Je suis capable de voir rouge, et alors...

Elle. — Alors ?...

Lui. — N'en parlons plus... je veux être calme... il faut que je le sois... (*En s'asseyant.*) Ça y est : je le suis.

Elle. — Et tu n'es pas plus beau pour cela.

La bonne. — Madame est servie.

Lui. — Je ne mange pas.

Elle. — Moi non plus.

La bonne. — Je peux enlever le couvert ?

Lui. — Si vous voulez.

Elle. — Si vous voulez.

Lui. — Quelle vie ! bon sang de tonnerre de nom d'un chien !

Elle. — Va-t'en, lâche-moi, sommes pas mariés ensemble.

Lui. — Parfaitement... demain.

Elle. — Pourquoi pas ce soir ?

Lui. — Perdu la clef de chez moi.

Elle. — Il y a des serruriers.

Lui. — Trop tard... fermés à cette heure-ci.

Elle. — Retourne chez cette femme.

Lui, *exaspéré*. — Assez ! T'ai déjà dit cent fois que c'était une petite cousine à moi.

Elle. — Menteur !

Lui. — M'en fiche !

Elle. — Je ne te félicite pas... elle était rudement laide, ta cousine.

Lui. — Elle est née comme ça.

Elle. — C'est fâcheux pour elle... Et quel chapeau !... Ah ! mes enfants !... Ma cuisinière en a de plus jolis !

Lui. — Ta cuisinière est de Paris... ma cousine est d'Angoulême.

Elle. — Ou du Café Américain.

Lui. — Zut ! zut ! zut !

Elle. — Continue, tu m'amuses. Alors, demain, tu décampes ?

Lui. — Oh ! oh !... et dans les grands prix.

Elle. — Et que me laisses-tu ?

Lui. — Mon estime.

Elle. — Je veux de la galette.

Lui. — Pas un clou !... ah ! tu m'as apostrophé ! Ah ! tu m'as crié, dans la rue, en passant en voiture : « Sale mufle !... »

Elle. — Je recommencerai.

Lui. — Pas un radis.

Elle. — Bon... Mais tu me dois cinquante louis.

Lui. — Cinquante louis !... et de quand, je te prie ?

Elle. — Des parties perdues au bésigue.

Lui. — C'est juste.

Elle, *tendant la main*. — Paye.

Lui, *après un instant de réflexion*. — Du tout... Tu ne sors pas ?

Elle. — Non... pourquoi ?

Lui, *à la bonne*. — Donnez les cartes et les marques.

Elle. — Qu'est-ce tu veux donc faire ?

Lui. — Eh ! bon dieu, me rattraper !

Elle. — !!!

# AU BORD DE LA MER

Pour toi, ma petite Gilberte.

La cloche résonne, il est midi, c'est l'heure où tous les baigneurs vont venir s'asseoir autour de la grande table d'hôte.

Un vieil habitué du pays pénètre le premier dans la salle. Il s'installe, déroule sa serviette, essuie ses lunettes, les met et consulte vivement le menu.

Une fois sa lecture terminée, il replace soigneusement ses yeux dans leur étui et se frotte les mains joyeusement.

Pantomime qui veut dire qu'il est content et que les plats qui défileront dans un instant sont à son goût.

.˙.

Une famille: le père, la mère et les trois enfants, entre ensuite. Le vieux incline légèrement la tête et remue les lèvres; les autres en font autant. Ils se sont dit bonjour.

Petit à petit, la salle se garnit, et on commence à se passer poliment les hors-d'œuvre,

Un peintre qui est là-bas, tout au bout de la table, élève la voix et raconte qu'il a déposé au bureau du Casino une bourse en or qu'il a trouvée sur les galets.

Immédiatement, les femmes, l'œil inquiet, se fouillent — même celles qui n'en ont pas — et, après un court examen se remettent à manger.

Bientôt, la conversation devient générale et tout le monde parle en même temps.

*
* *

Les têtes se retournent, on cesse de causer.

Maman et Bébé sont en retard : il est midi dix. Maman est toute jeune, jolie, et Bébé, qui a à peine quatre ans, est beau comme les amours.

Elle pousse la petite devant elle, mais le vieil habitué l'arrête, passe sa main sous le menton de l'enfant et adresse un gracieux sourire à la mère.

Sa voisine dit : « Bonjour, mon bijou... »

Maman se penche, retire le doigt que Bébé a dans son nez, et :

— Réponds : Bonjour... Mad-ame.

— .... jour... M'ame...

Enfin, mère et fillette arrivent à leurs places.

⁂

C'est samedi, le mari doit venir par le train de cinq heures. La jeune femme a l'air heureux et les baigneurs savent bien pourquoi.

On mange!... on mange!... on mange!... les plats filent et se vident avec une rapidité prodigieuse!

Cependant, maintenant, les fourchettes vont moins vite de l'assiette à la bouche, les appétits se calment, les bavardages diminuent, les yeux sont plus petits, les visages sont plus rouges, les ventres sont pleins.

Bébé fait la grimace, se refourre le doigt dans le nez, regarde sa mère et, au milieu d'un silence profond, s'écrie à haute voix:

— Z'ai envie de faire pipi!

Les hommes sourient, quelques femmes font « Oh »! Maman rougit, se lève et quitte précipitamment la salle en entraînant Bébé par la main.

⁂

Quelques minutes s'écoulent. Ils reviennent tous deux.

L'enfant semble ravie, pousse un léger soupir de satisfaction et très naturellement:

— Ah!... z'ai fait pipi... maman aussi.

!!!!

# SCÈNE DE TOUS LES JOURS

## SCÈNE PLUS RARE QUE LES AUTRES

*Il est rentré très tard et après l'avoir embrassée tendrement il a essayé de bavarder avec elle. Comme elle n'a pas voulu répondre, il s'est endormi. — Et le lendemain matin :*

Elle. — Et tu crois que tu vas dîner, comme ça, tous les soirs, dehors!

Lui. — Tous les soirs? quelle plaisanterie! c'est la première fois depuis deux mois.

Elle. — Quel toupet! Et, non content de me laisser seule, tu rentres à quatre heures du matin!

Lui. — Quatre heures!

Elle. — Ne fais pas l'imbécile... J'avais ma montre sous mon oreiller.

Lui. — Ah! (*Il se lève.*)

Elle. — Et... tu déjeunes ici?

Lui. — Je n'en sais rien.

Elle. — Tu n'en sais rien?... (*Elle bondit hors du lit.*)

Lui. — Et puis, nous ne pouvons plus nous entendre... vaut mieux nous quitter.

Elle. — Parbleu! le jour de l'an! Bonne affaire pour toi, pas vrai? sale avare!... Tiens, veux-tu que je te dise?

Lui. — Vas-y.

Elle. — Tu as agi avec moi comme le dernier des derniers! Ah! tu te figures que tu me lâcheras ainsi, comme un paquet trop lourd!... Non, mon bonhomme... je te le défends... (*Elle lui saute dessus et lui arrache son pantalon.*)

Lui, *se débattant*. — Assez, hein?

Elle. — Non, pas assez... encore! Ah! c'est ainsi que tu veux te conduire! Lâche que tu es! (*Elle lui donne deux coups de poing dans le nez.*)

Lui, *furieux*. — Bon Dieu de Bon Dieu, prends garde!

Elle. — Ah! là! là! malheur! Toi, me faire peur, tu tiens seulement pas debout? (*Elle l'égratigne et lui allonge deux coups de pied dans les jambes.*)

Lui. (*Il tombe dans un fauteuil, le sang coule sur son visage, il respire à peine*). — Crénom de nom!... si tu n'étais pas une femme!...

Elle. — Que ferais-tu, je te prie?

Lui. — Je te casserais les reins.

Elle, *en se tordant.* — Toi!

*Un grand silence.* — *Il s'essuie la figure en hochant la tête. Elle le regarde un instant, ramasse ses effets, et s'avance vers lui en souriant.*

Elle, *le prenant par le cou.* — Grosse bête, va! Faut-il que je t'aime, au fond!

Lui. — !!!!

# LE CHÉRI

HENRI, *rentrant chez sa maîtresse.* Bonjour, chérie... Me voilà.

SUZANNE, *furieuse.* — Te voilà !

HENRI. — Oui.

SUZANNE. — Te voilà !... Sais-tu l'heure qu'il est ?

HENRI. — Sept heures.

SUZANNE. — Oui, sept heures. Ah ! çà, est-ce que tu es devenu fou, par hasard ? Toute la nuit je t'ai attendu, tu m'entends ?

HENRI. — Laisse-moi te dire...

SUZANNE. — Rien, tais-toi ! Te figures-tu que cette petite vie va durer longtemps, hein ? Oui, parfaitement, je sais ce que tu vas me répondre : J'ai été en soirée.. En soirée !... en veston !... Quelle bonne plaisanterie !

HENRI. — Mais, ma chérie...

SUZANNE. — Je ne suis pas ta chérie et j'en ai plein le dos, de cette existence ! Ah çà ! pour qui me prends-tu? pour une bête? Tu vas me répondre aussi que tu as été entraîné par des camarades, des amis...

Henri. — Laisse-moi te dire...

Suzanne. — Rien. Ta conduite est tout simplement honteuse! Avant, tu te contentais de rentrer à quatre heures du matin, quelquefois à cinq... maintenant, tu découches et tu vas courir la gueuse, c'est un comble!

Henri. — Allons, Suzanne, calme-toi...

Suzanne. — Tu m'embêtes; je me calmerai si je veux. Je ne suis donc plus bonne que pour te servir, pour te faire des tisanes?... Ah! oui, tu es propre, tu es beau!... Mais parle donc, au lieu de rester là comme un imbécile, avec tes grands yeux cernés...

Henri. — J'ai été au cercle.

Suzanne. — Naturellement, et tu as tout perdu! Tu n'as plus le sou!... Ah! non, non, j'en ai assez, j'en ai assez!

Henri. — J'ai gagné trois mille francs.

Suzanne, *lui sautant au cou.* — Oh!... oh!... mon pauvre chéri... pourquoi ne l'as-tu pas dit tout de suite?

# NOS BONS DIRECTEURS

Le Directeur. — Alors, comme ça, mon enfant, vous voulez entrer au théâtre ?

L'Artiste. — Oui, monsieur.

Le Directeur. — Vous avez déjà joué ? Asseyez-vous donc.

L'Artiste. — Merci. En province, beaucoup.

Le Directeur. — Ah !... c'est vrai qu'en province ils ne sont pas difficiles. N'importe, vous êtes jolie...

L'Artiste. — Oh !...

Le Directeur. — Si, si, très jolie même !... Pour moi, c'est déjà énorme... mon public aime surtout les jolies femmes !... Vous souriez... c'est parfait... vous avez de fort belles dents.

L'Artiste. — Vous êtes trop aimable.

Le Directeur. — Que non. Je vais sans doute vous faire débuter le mois prochain dans une pièce assez raide.

L'Artiste. — Ah !

Le Directeur. — Ça vous effraye ?

L'Artiste. — Oh ! non.

Le Directeur. — A la bonne heure... Il faudra même que vous enleviez votre corsage à un moment donné.

L'Artiste, *l'air ravi.* — Ça ne fait rien.

Le Directeur. — Eh! eh! ça dépend... Veuillez donc le retirer... un directeur c'est un père, en quelque sorte... et puis les bras... les bras, c'est énorme aussi.

L'Artiste, *après s'être déshabillée.* — Voilà.

Le Directeur. — Ils sont très bien... très bien. (*Un temps*) Et les féeries... ça ne vous ennuiera pas de jouer dans une féerie?

L'Artiste. — Non.

Le Directeur. — Eh! eh!... ça dépend... Faut de belles jambes : voilà le chiendent.

L'Artiste, *vivement.* — Oh! mais les miennes...

Le Directeur. — Sont faites au moule? avez-vous l'air de dire... Montrez, je vous prie.

L'Artiste. — Voilà.

Le Directeur. — Oui, pas mal, pas mal du tout... Je vous engage, aussi, à raison de deux cents francs par mois.

L'Artiste. — Deux cents francs seulement?

Le Directeur. — Eh bien! et la rampe, pourquoi la comptez-vous?

L'Artiste. — Mais je ne suis pas une grue!

Le Directeur. — Vous avez un amant?

L'Artiste. — Oui... un seul.

Le Directeur. — Lâchez-le ; mettez-vous avec moi.

L'Artiste. — Avec vous ?

Le Directeur. — Ça vous va ?

L'Artiste. — J'aurai de beaux rôles, alors ?

Le Directeur. — Ceux que vous voudrez.

L'Artiste. — Vite, que je signe.

Le Directeur. — Faut d'abord que je le prépare, ça sera pour demain.

L'Artiste. — Bon.

Le Directeur. — Venez me prendre à sept heures, nous dînerons ensemble.

L'Artiste. — Entendu.

Le Directeur. — Vite, un baiser à son petit Directeur.

L'Artiste, *en l'embrassant.* — Voilà. A tout à l'heure ! (*Elle sort.*)

Le Directeur, *seul.* — Ça y est... encore une que j'ai roulée.

# CHEZ LE DENTISTE

*Il monte l'escalier, le client, la main appliquée sur sa joue. Il sonne. On lui ouvre. Il est dans le salon.*
*Petit à petit, il lui semble que la souffrance diminue et, se fourrant le doigt dans la bouche, il tâte et retâte la dent malade. Il esquisse un sourire de satisfaction, prend son chapeau, sa canne et se dirige vers la porte.*
*Au même moment, une autre porte s'ouvre et le domestique le prie de vouloir bien passer dans le cabinet du docteur.*

Le Dentiste. — Bonjour, monsieur...

Le Client, *très pâle.* — C'est drôle... Je n'ai plus mal du tout.

Le Dentiste. — Si vous voulez vous donner la peine de vous asseoir... Je vais vous dire ça.

Le Client. — Voilà.

Le Dentiste. — Ouvrez la bouche toute grande... parfait ! (*Après avoir bien regardé.*) Oh !... oh !... elle est tout à fait perdue... faut l'arracher.

Le Client, *se redressant.* — Vous croyez ?

Le Dentiste. — Absolument... si nous la laissions elle abîmerait les autres... Penchez-vous et respirez tout à votre aise.

Le Client. — Dieu de Dieu ! que c'est embêtant !

Le Dentiste. — Ce n'est rien ! ce n'est rien... Je connais quelqu'un qui s'en est fait enlever vingt-deux dans la même journée.

Le Client. — C'était un fou ; c'est pas possible autrement.

Le Dentiste. — Non, c'était quelqu'un qui avait mal.

Le Client. — Enfin... Allons-y !...

*Un grand silence.*

Le Dentiste. — N'ayez pas peur...

Le Client. — Aïe...

Le Dentiste. — Voici l'objet... (*Il lui offre la dent.*) Avouez que vous n'avez rien senti ?

Le Client. — C'est extraordinaire !

Le Dentiste. — L'habitude.

Le Client. — Qu'est-ce que je vous dois, je vous prie ?

Le Dentiste. — Cinq francs.

Le Client. — Cinq francs !... vous ne me demandez que cinq francs !...

Le Dentiste. — Mon Dieu ! oui.

Le Client. — Eh ! bien, écoutez, c'est vraiment pour rien.

Le Dentiste, *en riant*. — Tout pour contenter mes clients.

Le Client. — C'est vous, sapristi ! qui avez de jolies dents !...

Le Dentiste. — Et solides, en effet.

Le Client. — Et quel âge avez-vous, sans indiscrétion ?

Le Dentiste. — Soixante ans.

Le Client. — Soixante ans ! phénomène.. mais tel que vous me voyez, je donnerais cinq cents francs, moi, pour avoir des dents comme ça !

Le Dentiste. — C'est facile... (*Il ouvre la bouche et prend entre le pouce et l'index son râtelier.*) Les voici !...

# L'OBJET

Bruneau. — Tiens, ce vieux Lamballe ! comment ça va ?

Lamballe. — Comme ça.

Bruneau. — Qu'est-ce que tu as ? tu as l'air tout chose ?

Lamballe. — Je suis embêté.

Bruneau. — Allons donc ! Raconte-moi, dis-moi tes chagrins, ami, et si je puis te venir en aide.,.

Lamballe. — Merci.

Bruneau. — Les affaires ne marchent pas ?

Lamballe. — Si...

Bruneau. — Tes enfants sont souffrants ?

Lamballe. — Non...

Bruneau. — Alors ?

Lamballe. — Il y a... que je suis le plus malheureux des hommes !

Bruneau. — Ne parle pas comme ça, tu me fais de la peine.

Lamballe. — Tu sais quel amour j'ai pour ma femme ?

BRUNEAU. — Oui, tu l'adores.

LAMBALLE. — Eh! bien, je ne peux plus... c'est que c'est très difficile à dire...

BRUNEAU. — Entre hommes, quelle plaisanterie!

LAMBALLE. — Si... si je l'aime trop... crac... elle est immédiatement dans une position... que le vulgaire nomme : position intéressante.

BRUNEAU. — Et ça t'ennuie?

LAMBALLE. — Tiens!... je vais être forcé de la tromper.

BRUNEAU. — T'es bête... viens chez moi et tu vas être absolument épaté.

LAMBALLE. — Parce que?

BRUNEAU. — Le docteur Marsan m'a donné une certaine... une certaine poudre qui... qui..

LAMBALLE. — Qui...

BRUNEAU. — Qui fait qu'on peut dormir tranquille... après.

LAMBALLE. — Pas possible!

BRUNEAU. — C'est comme j'ai l'honneur de te le dire.

(*Et tous deux sautent dans une voiture.*)

LAMBALLE. — Pendant que ma femme n'est pas là, je vais te faire voir ça.

LAMBALLE. — Que tu es gentil!

BRUNEAU. — Des blagues.

(*Ils sont arrivés.*)

Lamballe. — Où me mènes-tu ?

Bruneau. — Dans mon cabinet de toilette.

(*Bruneau ouvre le premier tiroir de sa commode.*)

Lamballe. — Eh bien ?

Bruneau (*ouvrant le second*). — Il doit être là-dedans...

Lamballe. — As-tu la chose ?

Bruneau (*après avoir fouillé vingt fois*). — Oh!

Lamballe. — Quoi ?

Bruneau (*stupéfait*). — Ma femme l'a emportée!

# L'ANCIENNE

GEORGES. — Te voilà! toi!... toi!..

SUZANNE. — Mon Dieu! oui, mon chéri.

GEORGES. — Et la même!... la même!... c'est épatant!... Dix ans, comme ça, sans se revoir!... Dix ans!

SUZANNE. — Te souviens-tu des bonnes parties d'autrefois?

GEORGES. — Si je me souviens! Ah! il n'y a pas à dire : je t'ai bien aimée!

SUZANNE. — J'étais ta première maîtresse.

GEORGES. — Et la meilleure, la plus gentille, la plus exquise!.. Ah! tiens, laisse-moi t'embrasser bien fort! Si tu savais le plaisir, la joie que j'ai de t'avoir retrouvée!

SUZANNE. — Mais, moi aussi, mon Georges.

GEORGES. — Bien vrai?

SUZANNE. — Bien vrai.

GEORGES. — Et tu es restée à Paris et je ne t'ai jamais aperçue nulle part... Est-ce drôle, hein?

SUZANNE. — Je sors si peu!... Que veux-tu, je ne suis pas une femme dans le train, moi!... J'étais et je suis encore la bonne petite bourgeoise que tu as connue jadis.

Georges. — C'est pourtant juste, ce que tu dis là !... Tu n'es pas changée pour deux sous.

Suzanne. — Oh ! un peu vieillie, cependant.

Georges. — Peuh !

Suzanne. — Devine l'âge que j'ai ?

Georges. — Je ne suis pas curieux, et je te trouve charmante comme tu es.

Suzanne. — Alors, viens me revoir ; tu seras toujours bien reçu, grosse bête !

Georges, *en l'embrassant*. — Oh ! mignonne !... mignonne !...

Suzanne. — A quand ?...

Georges. — Mercredi, dîner, ça va ?

Suzanne. — A la campagne ?

Georges. — A la campagne, entendu.

*Mercredi soir, minuit.*

Georges. — Ah ! ça fait du bien de se laver les mains ! Quelle poussière sur cette route !

Suzanne. — Et quelle chaleur !

Georges. — As-tu de l'eau dentrifice ?

Suzanne. — Tiens, devant toi.

Georges. — Merci.

Suzanne, *se précipitant*. — Bon Dieu ! arrête, pas dans ce verre-là : c'est celui du vieux général !

Georges. — !!!!

# LES GENS CALMES

Mon cher ami,

Vous m'avez dit l'autre soir — il y a de cela huit jours : « Ne contez pas la petite scène à laquelle nous venons d'assister. » Eh bien ! à vous parler franc, je n'y tiens plus, et, drôle ou non, il faut que je l'écrive. Du reste, les camarades qui nous ont invités à dîner ne liront sans doute pas cet article et, en ne les nommant pas, ils seront, j'en suis sûr, assez intelligents pour ne pas se froisser.

Or donc, si vous avez bonne mémoire, nous étions à table avec M$^{me}$ X..., son mari, leur garçon, âgé de six ans, et la pauvre Marcelle, qui n'avait que dix-huit mois à peine, si je me souviens bien.

Au moment où vous étiez en train de parler du Midi, de Marseille et d'un certain Joseph Marin — pas le nôtre; le nôtre a pour prénom Auguste et c'est un homme du Nord... tout le monde sait ça

— M. X..., en se baissant, renversa la bouteille de vin blanc sur la nappe. Il épongea tranquillement, madame en fit autant, et le repas continua comme si rien ne s'était passé.

Votre histoire, qui dura trois quarts d'heure — ce n'est pas un reproche, c'est une constatation — une fois *absolument* terminée, je pris la parole à mon tour et je crois qu'ils furent vivement intéressés, lorsque je leur appris que j'avais fait connaissance, la veille, avec une masseuse suisse.

« Une masseuse suisse ! » s'écrièrent-ils tous !... Allons, mon cher ami, avouez-le, mon histoire était plus intéressante que la vôtre !

— Oui, répondis-je, elle masse la tête des gens chauves — et les cheveux — c'est à ne pas le croire — repoussent extraordinairement.

M. X... étant ridiculement imberbe de ce côté-là... fut ravi !

Dans sa joie, il laissa couler toute la sauce du poulet, à terre.

Ce sont des gens calmes.

Le dîner achevé, on ouvrit la fenêtre. — Quelle belle vue de ce quatrième ! — Madame prit la petite Marcelle dans ses bras et, pour distraire l'enfant, lui montra les passants.

Quelques minutes après, elle poussa un : ah !

— Qu'est-ce que tu as ? fit M. X...

— Je viens de lâcher Marcelle ; elle est tombée dans la rue !

Alors, lui, se leva tranquillement, et dit cette phrase qui ne peut être drôle que pour vous, cher ami :

— Tu ne feras donc jamais attention !...

. . . . . . . . . . .

# LE VOL

Ernest. — Ah! mon pauvre vieux! mon pauvre vieux!

Jules. — Qu'est-ce qu'il y a? en fais-tu, une tête!

Ernest. — Si tu savais ce qui m'arrive!

Jules. — Parle, imbécile.

Ernest. — Eh! bien... eh! bien, j'ai volé.

Jules. — Dis donc pas de bêtises.

Ernest. — Je te le jure.

Jules. — Comment! toi? un honnête homme?

Ernest. — Oui, moi!

Jules. — Et combien?

Ernest. — Cinquante mille dans la caisse de mon patron.

Jules. — Oh! animal! où sont-ils?

Ernest. — J'ai joué.

Jules. — Tiens, tu es la dernière des brutes.

Ernest. — Je t'en prie, vieux, ne te fâche pas, ne crie pas, je suis déjà si malheureux!

Jules. — Tu me dégoûtes.

Ernest, *se cachant le visage*. — Oh!

Jules. — Oui, tu me dégoûtes... mais j'ai pitié de toi... Combien te reste-t-il ?

Ernest. — Quatre mille.

Jules. — Eh ! bien, si tu as confiance en moi, pars à la campagne.

Ernest. — Après on m'arrêtera.

Jules. — Et écoute bien.

Ernest. — Je ne fais que ça.

Jules. — Il faut que tu revoles cinquante mille francs.

Ernest. — Comment! il faut...

Jules. — As-tu confiance en moi?

Ernest. — Bien, c'est entendu.

(*Et le lendemain, Ernest partait à la campagne*).

### Chez le Patron

Jules. — Bonjour, Monsieur. Votre caissier n'est pas là, n'est-il pas vrai ?

Le patron. — Il est souffrant.

Jules. — Non, il a volé cent mille francs dans votre caisse, et, à l'heure qu'il est, il est très loin d'ici.

Le patron. (*Il se lève, marche et hurle*). — Je vais le faire arrêter.

Jules. — Non,

Le patron. — Me prenez-vous pour un fou?

Jules. — Je vous crois censé. J'ai réuni ce matin toute la famille. Celui-ci m'a donné — ce sont de pauvres gens — 2,000 francs, l'autre 3,000, celui-là 5,000, bref, j'ai 40,000 francs, et comme c'est mon ami, je consens à mettre 10,000 francs de ma poche.

Le patron, *souriant*. — Vous avez cinquante mille francs!

Jules. — Les voici... mais avant, signez-moi un papier, et engagez-vous à ne jamais poursuivre mon ami Ernest.

Le patron. — Voilà, monsieur.

Jules. — J'ai bien l'honneur de vous saluer.

# LA FEMME MARIÉE

Lui, *se promenant de long en large*. — Trois heures et demie !... Ah ! ça, va-t-elle se décider !... On sonne, ça y est, c'est elle.

Elle. — Vite, vite, fermez la porte !... Non, jamais je ne reviendrai chez vous !... j'ai eu trop peur !...

Lui. — C'est la première fois !

Elle. — Et la dernière.

Lui. — Méchante !... je vous aime tant, tant, tant !

Elle. — Bien vrai ?

Lui. — Oh ! oui, bien vrai.

Elle. — Ce n'est pas un caprice, au moins ?

Lui. — Quelle question !

Elle, *agitée*. — J'étouffe.

Lui. — Enlevez votre manteau.

Elle. — Vous serez sage ?

Lui. — Comme une image.

Elle. — Là, là, n'avancez pas si près.

Lui. — Oh ! un baiser, un tout petit baiser !

Elle. — Un seul, alors. Là, causons, maintenant. Quoi de neuf ?

Lui. — Rien, sinon que je vous adore et que je ferais tout pour vous faire plaisir. (*Il lui prend les deux mains.*)

Elle. — Que vous êtes gentil !

Lui. — La nuit, dans mes rêves, je ne vois que vous. Vous êtes là, devant mes yeux, comme en ce moment. (*Il lui prend la taille.*)

Elle. — Mignon...

Lui. — Oui... souriez encore... là... vous êtes si jolie et votre regard est si doux !... Oh ! mais, si doux ! (*Il l'embrasse longuement.*)

Elle, *se défendant à peine*. — Georges... mon Georges...

Lui. — Marguerite... là... veux-tu ? (*Il désigne le seul meuble que les huissiers n'ont pas le droit de saisir.*) Dis : je veux.

Elle. — Non... non... je ne dois pas... je ne veux pas...

Lui. — Alors tu ne m'aimes donc pas, mon adorée ?...

Elle. — Tu me le demandes ! quand je suis là... là, à tes côtés.

(*Il l'entraîne facilement vers le seul meuble que les huissiers n'ont pas le droit de saisir.*)

*Et, quelque temps après:*

Elle, *furieuse et les cheveux en désordre.* — Lâche... lâche que vous êtes!...

Lui. — Pourquoi, lâche?

Elle. — Vous ne savez donc pas ce que vous venez de faire?

Lui, *souriant et l'air satisfait.* — Si, je le sais.

Elle. — Abuser ainsi d'une femme! Ah! me voilà dans une belle situation, maintenant!

Lui. — Parce que?

Elle. — Je suis enceinte.

Lui, *stupéfait.* — Comment... déjà!!!

# L'INTRIGUÉ

L'Habit noir. — Et peut-on t'offrir une coupe de champagne, beau masque?

Le Masque. — Mais, je ne dis pas non.

L'Habit noir. — Ton bras?

Le Masque. — Voilà.

L'Habit noir. — Sais-tu que tu as une bouche ravissante, exquise?

Le Masque. — Vraiment!

L'Habit noir. — Certes. Et des mains! une poupée ne les a pas plus petites.

Le Masque. — Voyez-vous cela!

L'Habit noir. — Et tes dents! oh! tes dents! C'est cela, tu es charmante quand tu souris.

Le Masque. — Si je pleurais, que dirais-tu, alors?

L'Habit noir. — Es-tu déjà invitée à souper?

Le Masque. — Non, pas encore.

L'Habit noir. — Veux-tu m'accepter comme cavalier?

Le Masque. — Eh! mais, tu vas vite!

L'Habit noir. — Allons, ne refuse pas, sois gentille!

Le Masque. — Je te préviens : je suis très laide.

L'Habit noir. — Ça, jamais de la vie, par exemple, et je parie le contraire.

Le Masque. — Polisson!

L'Habit noir. — Il est deux heures, sauvons-nous?

Le Masque. — Partons.

L'Habit noir. — Je t'adore.

Le Masque. — Tiens, voilà la première bêtise que tu lâches!

*Et une fois en voiture.*

L'Habit noir. — Enlève ton loup, je t'en prie!

Le Masque. — Bas les pattes, ou gare.

L'Habit noir. — Méchante!

Le Masque. — Faut me prendre telle que je suis.

L'Habit noir. — Je ne demande pas mieux.

*Et une fois dans le cabinet particulier.*

Le Masque. — Ah! c'est bon de s'asseoir!

L'Habit noir. — S'étendre, c'est encore meilleur.

Le Masque. — Parbleu!

L'Habit noir. — Lève-le un tout petit peu?

Le Masque. — Je me sauve.

L'Habit noir. — Ah! non, pas de plaisanterie, hein?

Le Masque. — Je ne plaisante pas ; on m'attend, à trois heures du matin, 24, rue de Calais.

L'Habit noir. — Chez qui?

Le Masque. — Curieux!

L'Habit noir. — Dis-moi au moins ton adresse et ton nom?

Le Masque. — Voici ma carte; tu la regarderas quand je serai dehors. Jure-le?

L'Habit noir. — Je le jure.

Le Masque. — Au revoir... et embrasse-moi, si tu veux.

(*Elle part, et lui, vivement, regarde la carte.*)

L'Habit noir. — « M$^{me}$ Joséphine Duroy, sage-femme de 1$^{re}$ classe... » Ah! n. de D... de n. de D...! quand on me repincera au bal de l'Opéra!...

# L'HABIT

Le père. — Allons, Jules, prends ton chapeau et viens avec moi : je sors.

Le fils. — Et où vas-tu ?

Le père. — Chez mon tailleur.

Le fils. — Pourquoi faire ?

Le père. — Mon Dieu, que tu es bête, mon pauvre enfant !

Le fils. — Parce que ?

Le père. — Tu me demandes pourquoi faire ?

Le fils. — Naturellement.

Le père. — Pour me commander un vêtement, probablement.

Le fils. — Ç'aurait pu être pour payer ce que tu dois.

Le père. — Dans ce cas, je ne t'aurais pas prié de m'accompagner.

Le fils. — Pour quelle raison as-tu besoin de moi, alors ?

Le père. — Mais, pour voir si l'étoffe que je choisirai sera à ton goût.

Le fils. — Ah!

Le père. — Ça t'étonne?

Le fils. — Non, ça m'est égal... Si, encore, tu m'en faisais faire un, en même temps.

Le père. — Le costume que tu as sur le dos est tout frais... il peut marcher jusqu'à fin avril... Ne sois donc pas si exigeant.

Le fils. — Je te crois... Mon veston est tellement reluisant qu'on s'y voit comme dans une glace.

Le père. — Es-tu assez coquet!... Non, mais l'es-tu assez!... Allons, viens!

*Et une fois chez le tailleur.*

Le tailleur. — Voici quelque chose que je vous recommande : c'est joli, c'est solide, et ça se porte beaucoup.

Le père. — Oui, c'est gentil. Qu'en dis-tu?

Le fils, *retournant l'étoffe*. — Je ne trouve pas cette couleur très épatante...

Le tailleur. — Et ceci? Voilà qui est nouveau! C'est la grande mode, et, par-dessus le marché, inusable.

Le père. — J'aime mieux cela, en effet. Combien le complet?

Le tailleur, *souriant aimablement*. — Cent cinquante francs... parce que c'est vous.

Le père. — Brrr!... c'est chaud!

Le tailleur. — C'est le prix tout juste.

Le père. — Ce drap te plaît?

Le fils, *le retournant*. — Oui... c'est bien...

Le père. — Imbécile!... tu regardes tout le temps l'envers.

Le fils. — Tiens, parbleu!... je m'en fiche, de l'endroit.

Le père. — Tu te fiches de l'endroit?

Le tailleur. — !!!

Le fils. — Puisque, lorsque tes vêtements sont usés, tu me les donnes, et que je les fais retourner.

# HISTOIRE DE TOUS LES JOURS

Lui. — Parole, vous me plaisez beaucoup !

Elle. — Ah !

Lui. — Vous avez des dents... Oh ! mais des dents !...

Elle. — Dieu merci, je n'ai pas que ça...

Lui. — Ah !

Elle. — Ça vous étonne ?

Lui. — Quelle plaisanterie !

Elle. — Vous avez une maîtresse ?

Lui. — Hélas !

Elle. — Gentille ?

Lui. — Elle plaît aux autres...

Elle. — De beaux cheveux ?

Lui. — Pas comme les vôtres !

Elle. — Blagueur !

Lui. — Parole !

Elle. — Vous dépensez beaucoup pour elle ?

Lui. — Assez.

Elle. — Vous devez être charmant dans l'intimité.

Lui. — Oui... je suis très... (*Il lui parle bas à l'oreille.*)

Elle, *avec un sourire de satisfaction.* — Ah !... bas !... je la connais, cette phrase-là.. tous les hommes la disent.

Lui. — Peut-être... Quant à moi, je vous jure...

Elle. — Oh ! non, ne jurez pas !

Lui. — Comme vous voudrez.

*Après un long silence.*

Elle. — Qu'est-ce que vous avez à me regarder ainsi ?

Lui. — Je vous trouve délicieuse !

Elle. — Mon amant aussi.

Lui. — Ah !... Vous avez un...

Elle. — Parbleu !

Lui. — C'est embêtant.

Elle. — Pour vous... mais pas pour moi.

Lui. — Qu'est-ce qu'il fait ?

Elle. — Rien.

Lui. — Joli métier ! Maintenant, blague à part, peut-on dîner un jour avec vous ?

Elle. — Bien difficile !

Lui. — Oh ! pourquoi ?

Elle. — C'est que je ne suis pas libre quand je veux.

Lui. — Petite menteuse!

Elle. — Je ne mens jamais... le mensonge, je déteste ça...

Lui. — C'est aujourd'hui jeudi... Demain, pouvez-vous?

Elle, *réfléchissant*. — Demain?... Voyons?... que je suis bête!... Je vais aux Français.

Lui. — Et samedi?

Elle. — Samedi?... Je dîne en ville avec *Lui*...

Lui. — Nom d'un chien!... Et dimanche?

Elle. — Le dimanche, nous restons toujours chez nous.

Lui, *impatienté*. — Bon!.. n'importe le jour que vous voudrez, je suis à votre disposition... et, ce jour-là, je me permettrai de vous offrir le bijou qu'il vous plaira,..

Elle, *vivement*. — Sotte que je suis... où avais-je la tête!... Je suis libre ce soir, cher ami...

Lui. —!!!

# L'ENFANT

Elle. — Alors, tu m'aimes bien, vraiment !

Lui. — Je t'aime plus que ça encore.

Elle. — Dis donc, je suis ta maîtresse, n'est-ce pas ?

Lui. — Tu l'es.

Elle. — Eh bien ! chéri, si j'avais un enfant de de toi, serais-tu heureux ?

Lui, *pas convaincu pour deux sous.* — Si je serais heureux ?... Oh ! oui, va !

Elle. — Bien vrai ?

Lui. — Bien vrai.

Elle. — Et puis, tu ne pourrais plus me quitter ?

Lui. — Mais je ne ne te quitterais pas sans cela.

Elle. — Si c'était un garçon... qu'en ferions-nous, par exemple ?

Lui. — Faut réfléchir... Un marin ?

Elle. — J'y tiendrais pas.

Lui. — Un soldat?

Elle. — Peuh.... il y en a tant!

Lui. — C'est juste, il y en a beaucoup.

Elle. — Alors?

Lui. — Eh!... un curé... ça ne serait pas mal.

Elle. — Ça, jamais... jamais! Faudrait, en lui parlant, que j'aie toujours un morceau de fer dans la main.

Lui. — Ce serait gênant, en effet. Alors, un jockey?

Elle. — Tu es fou, voyons!... Un jockey!... Et il porterait ton nom!

Lui. — C'est exact... je n'y pensais plus.

Elle. — Sois donc sérieux, je t'en prie.

Lui. — J'ai ton affaire : un préfet de police.

Elle. — C'est pas une position.

Lui. — Agent, alors?

Elle. *furieuse.* — Tu n'es qu'un idiot!... Non, mais vois-tu mon fils agent!

Lui. — Ne crie pas, bon Dieu!.. de change,..

Elle. — Quoi : de change?

Lui. — Agent de change.

Elle. — Ah!

Lui, *qui commence à en avoir assez.* — Et puis, il est ridicule de parler d'une chose qui n'existe pas.

Elle. — Tu te trompes, mon amour, car..

(*Elle lui dit tout bas qu'elle est dans une situation intéressante.*)

Lui. — Non ! !

Elle. — Je te le jure sur la tête de ma mère !

Lui. — ! ! !

*Trois termes après.*

Elle, *pleurnichant.* — Une fille... c'est une fille... une fille !

Lui. — Je vois bien... tu n'as pas besoin de le répéter trois fois.

Elle, *pleurant de plus en plus.* — Qu'en ferons-nous ?

Lui. — On pourra toujours essayer d'en faire une honnête femme.

Elle, *subitement rêveuse.* — Ah !

Lui. — Ça ne te va pas ?

Elle, *résignée.* — Oh ! mon Dieu, si... en attendant qu'elle soit grande.

# LES GENS PRATIQUES

Ernest. — Tiens, te voilà, toi !

Jules. — Oui.

Ernest. — Oh ! là ! là ! T'as pas l'air bien gai, aujourd'hui, mon pauvre vieux !

Jules. — Je suis cocu.

Ernest. — Dis donc, pas de bêtises.

Jules. — Je te répète que je suis cocu... là !... et fiche-moi la paix, maintenant.

Ernest. — Alors, comme ça, ta femme t'a trompé ?

Jules. — Probablement.

Ernest. — Et avec quelqu'un de bien ?

Jules. — Sûr... sans ça... ah ! bon Dieu ! ce que je l'aurais étranglée avec plaisir !

Ernest. — Type connu ? financier, rentier, journaliste ?...

Jules. — Un peintre.

Ernest. — De talent ?

Jules. — Je n'en sais rien.

Ernest. — Et qu'est-ce que tu comptes faire?

Jules. — Ce soir?...

Ernest. — Ou demain, enfin?

Jules. — M'arranger pour divorcer.

Ernest. — En somme, c'est ce qu'il y a de plus simple.

Jules. — Sur ce, je te quitte.

Ernest. — Où vas-tu?

Jules. — Au Salon.

Ernest, *éclatant de rire*. — Non!

Jules. — Quoi, non? Alors, parce que ma femme connaît un peintre je n'ai plus le droit d'aller voir des tableaux?... Ce serait trop bête, par exemple.

Ernest. — Parions cent sous que le monsieur en question a une toile au Palais de l'Industrie?

Jules — Tu m'assommes; est-ce que je m'occupe de ça!

*Un mois après.*

Ernest. — Enfin, je te retrouve.

Jules, *l'air enchanté*. — Content de te revoir aussi.

Ernest. — Et sans être indiscret, peut-on poser une question?

Jules. — Dix, vingt, cent, tout ce que tu voudras, mon petit.

Ernesn. — Ta femme?

Jules. — Eh bien?

Ernest. — Qu'est-ce qu'elle devient?

Jules. — Quoi, ma femme?

Ernest. — Et ce divorce?

Jules. — C'est vrai, je ne t'ai pas revu depuis le fameux jour, hein?

Ernest. — Non.

Jules. — Le peintre... tu sais bien, le peintre ! eh bien! il a remporté une troisième médaille... épatant!...

Ernest. — Comment! mais tu me dégoûtes.

Jules. — Parce que?

Ernest. — Tu t'intéresses... Tu parais ravi des choses heureuses qui arrivent à cet homme-là?

Jules. — Gros malin, va!... Ma femme m'a juré qu'elle m'avait cocufié dans un moment de folie... et lui, m'a envoyé la nature morte qu'il a exposée.

Ernest. — Quelle valeur?

Jules. — Six mille, dit-on; j'ai accepté... Pas eu raison?

Ernest. — Si!... si tu peux la revendre.

# CES DAMES AU SALON

**Au Salon des Champs-Elysées**
*Vendredi, quatre heures, seul jour chic de la semaine.*

LA PETITE DUMARQUET.
JEANNE RENÉE.
LA COMTESSE DE POULIÉ.
LE VICOMTE ARMAND DESPIEDS.

Jeanne Renée. — Achetons-nous un catalogue ?

La petite Dumarquet. — Ah ! zut !... si tu crois que je vais m'éreinter à chercher les numéros !...

Jeanne Renée. — Comme tu voudras. Dis donc ?

La petite Dumarquet. — Quoi ?

Jeanne Renée. — Ma robe ne traîne pas trop ?

La petite Dumarquet. — Oh ! là, là... ce que t'es collante ! Je t'ai déjà répété cent fois que non.

Jeanne Renée. — Il y en a du monde, là-bas !... viens voir ce qu'on regarde.

La petite Dumarquet. — Sûr, ça doit être un

tableau cochon!... (*Elle approche.*) Parbleu, je l'ai deviné : un homme nu !

JEANNE RENÉE. — C'est Adam... c'est écrit : *Adam.*

LA PETITE DUMARQUET. — Qu'est-ce que ça me fiche que ce soit Adam... il est nu tout de même... mais, ce qu'il y a de rigolo, c'est qui ressemble à l'amant de ma mère comme deux gouttes d'eau...

JEANNE RENÉE. — Oh !... et ce tableau-là ?

LA PETITE DUMARQUET. — Ce qu'ils sont verts, ces bonshommes !... C'est pas possible, ils doivent avoir mal au ventre, pour se tenir dans cette position-là !...

JEANNE RENÉE. — Et ce qu'ils sont maigres !

LA PETITE DUMARQUET. — Qu'est-ce que ça peut bien vouloir dire ?

JEANNE RENÉE. — Si nous avions un catalogue...

(*Un vieux monsieur décoré qui a entendu ces quelques phrases, se retourne et dit en souriant :* LES DERNIERS DU DÉLUGE.)

LA PETITE DUMARQUET. — Merci, Monsieur !... Eh ! bien, flûte, ils sont dans un drôle d'état... les derniers du déluge ! Ils feraient bien d'aller se laver !...

(*Tout le monde se retourne.*)

JEANNE RENÉE, *à mi-voix.* — Tais-toi donc...

La petite Dumarquet. — Quoi ? on peut pas dire son opinion...

Jeanne Renée. — Il y a peut-être quelqu'un de sa famille autour de nous.

La petite Dumarquet. — Ah ! tu m'embêtes ! Est-ce de ma faute si cette peinture ne me plaît pas !... Allons, bon, un paon !.... il ne manquait plus que cela pour m'enguignonner !

Jeanne Renée. — Tiens, la comtesse de Poulie !

La petite Dumarquet. — Quel paquet ! est-elle fagotée !... et ça dit s'habiller chez les grandes couturières !

La comtesse de Poulie. — Bonjour... ça va bien ?

Jeanne Renée. — Oui, et toi ? Ça t'amuse, le Salon ?

La comtesse de Poulie. — Voilà deux heures que j'y suis et je n'ai pas encore eu le temps de regarder un tableau.

La petite Dumarquet. — Mâtin !... tu t'es mise sur ton trente-deux, aujourd'hui !

La comtesse de Poulie. — Elle est à ton goût ?

Jeanne Renée. — Très jolie.

La comtesse de Poulie. — Tout le monde m'en fait des compliments.

La petite Dumarquet. — Oh ! voyez donc Gontran qui passe là-bas! ce qu'il a changé... Ah! mes enfants!

La comtesse de Poulie. — Je te crois, Suzanne Lancey lui a mangé jusqu'à son dernier sou.

Jeanne Renée. — Raconte-nous ça.

La petite Dumarquet. — Oui, je t'en prie.

La comtesse de Poulie. — Voici... (*Et après avoir parlé pendant un quart d'heure.*) Quelle roublarde, hein?

La petite Dumarquet. — Pauvre vieux!

La comtesse de Poulie. — Va donc, il n'est pas à plaindre; avant d'hériter, il a, de son côté, assez croqué d'argent à Adèle Obry...

La petite Dumarquet, *ravie*. — Oh! non, ce que c'est amusant!...

Jeanne Renée, *s'arrêtant devant un portrait*. — Ce qu'elle est décolletée, celle-là!...

La petite Dumarquet. — Oui... jolie poitrine .. elle bat un peu en retraite... sans cela...

La comtesse de Poulie. — Qu'est-ce que tu dirais, si tu voyais la grande Mathilde?...

La petite Dumarquet. — Elle est mal faite?

La comtesse de Poulie. — Ah! ma chère!..

Jeanne Renée. — Tiens! le petit vicomte Despieds!...

La petite Dumarquet. — Encore un pané!

La comtesse de Poulie. — Tais-toi donc... sa

mère est très riche... et par-dessus le marché, il paraît qu'elle est très malade...

La petite Dumarquet. — Dans ce cas... (*Souriante.*) Bonjour, mon petit Armand.

Le vicomte Armand Despieds. — Bonjour... avez-vous vu les vautours qui mangent un mouton?...

Toutes. — Non... faites-nous voir ça?...

*Et une fois devant la toile.*

La petite Dumarquet. — Eh! bien, c'est dégoûtant... j'ai fini de dîner, moi!

Le vicomte A. Despieds. — C'est un très beau morceau.

Jeanne Renée. — Le sang est rudement bien fait.

La comtesse de Poulie. — Et les os, donc!... Pauvre bête!... Ça arrive tout de même, ces choses-là, pas vrai?

Le vicomte A. Despieds. — Mais c'est certain.

Jeanne Renée. — Comment s'y est-il pris pour faire poser ces oiseaux-là?

Le vicomte A. Despieds, *embarrassé*. — Ah! ben... ah! ça... mon Dieu...

La petite Dumraquet. — On pourrait bien s'asseoir... car je crois que votre histoire menace d'être longue, hein?

Le vicomte A. Despieds. — Blague à part, c'est de la chouette peinture!...

La petite Dumarquet. — Alors, restez là, si vous

voulez; moi, j'en ai assez!... A la bonne heure, parlez-moi de ça!... des roses... et des femmes dessous... c'est frais... c'est distingué...

Le vicomte A. Despieds. — Et ça ne vaut pas un clou.

La petite Dumarquet. — Pas un clou!... un peintre... qui était là il y a dix minutes, a dit que c'était épatant!... Et puis, quoi! en feriez-vous autant?... non, alors c'est pas la peine de faire le malin!... Du reste, vous n'y connaissez rien.

Le vicomte Armand Despieds. — Est-elle mauvaise !

Jeanne Renée. — Voilà Jeanne Marcelle. Elle est donc calée, maintenant ?

La petite Dumarquet. — Parbleu! elle est depuis six mois avec un vieux de soixante-dix ans... C'est pas difficile d'être calée, dans ces conditions-là!... Faut pas être dégoûtée, tout simplement.

La comtesse de Poulie. — Es-tu assez grincheuse, aujourd'hui !

Le vicomte A. Despieds. — Sur quel pied vous êtes-vous levée ?

La petite Dumarquet. — Mon cher, quand on possède un nom comme le vôtre, faut être assez intelligent pour ne pas poser des questions comme celle-là.

Jeanne Renée. — Méchante!

La petite Dumarquet. — Et puis, quoi ! ce Salon me déplaît. L'année dernière, il y avait au moins des combats... des batailles... des soldats et des gens connus...

Le vicomte A. Despieds. — Tenez, voilà M. Lozé, le préfet de police.

Toutes. — Où donc?

Le vicomte A. Despieds. — Là, devant le tableau de De Penne.

La petite Dumarquet. — Parbleu, ça représente des chiens et ça l'embête qu'ils ne soient pas muselés.

Jeanne Renée. — Descendons-nous à la sculpture?

La comtesse de Poulie. — Ça ne ferait pas de mal et on pourra respirer un peu.

La petite Dumarquet. — Cinq heures... je file au Vernissage, au Champ de Mars. Qui vient avec moi?

Jeanne Renée. — Tu n'as donc pas assez vu de peintures!

La petite Dumarquet. — Si... mais j'ai envie de voir des types chics, maintenant.

# LES VIERGES

HENRI DE FONTA, *vingt ans, grand, assez fort, très usé.*
GEORGES CLERC, *vingt-quatre ans, mince, très chic, très jeune, plein de vigueur.*
BLANCHE, *dix-sept ans à peine. L'innocence même.*

### Chez Henri de Fonta

*Chambre à coucher très riche.*

GEORGES, *entrant*. — Comment!... comment!... toi!... c'est toi!... que je trouve dans cet état-là!

HENRI, *se frottant les yeux*. — Quoi?... quoi?... quel état?

GEORGES. — En caleçon, en chemise de nuit et vautré sur une chaise longue, à deux heures de l'après-midi! Temps ravissant!

HENRI. — Fatigué!... éreinté! pas faim! n'ai pas avalé ça, ce matin, à déjeuner.

GEORGES. — Tu n'es pas malade, je suppose?

HENRI. — Je ne crois pas.

GEORGES. — Tu en as un air!... Quelle tête, mes

enfants!... A quelle heure t'es-tu couché, bon Dieu?

Henri. — Onze heures.

Georges. — Sacré blagueur! c'est pas possible!

Henri. — Parole!... c'est rigolo, hein?

Georges. — Et pourquoi?

Henri. — Je m'embête.

Georges, *frappant sur les meubles.* — Sacrédié de sacrédié de sacrédié!

Henri. — Eh! abîme pas mon mobilier.

Georges. — Tu t'embêtes, toi!... toi, Henri de Fonta?

Henri, *hochant la tête et ne pouvant le croire lui-même.* — Oui, vieux..., oui, moi : Henri de Fonta.

Georges. — Ah! saperlipopette! si j'avais le quart de ta fortune, si j'étais orphelin comme toi...

Henri. — Eh! ben, et puis après, qu'est-ce que tu ferais de plus?

Georges. — Ce que... ce-que-je-ferais de plus?

Henri. — Oui.

Georges. — Mais pas une femme, pas une, t'entends, ne saurait me résister. Bon sang!

Henri. — Tes femmes... Tiens, tu m'assommes avec tes femmes!... Parlons-en! elle est chouette, celle que tu m'as présentée l'autre soir... Ah! oui!

Georges. — Laquelle?

HENRI. — La blonde... celle qui riait tout le temps à propos de n'importe quoi.

GEORGES. — La grande Adèle ?

HENRI. — Oui, la grande Adèle.

GEORGES. — Très bonne fille... le cœur sur la main.

HENRI. — Son cœur... son cœur... elle était bête à manger du foin, ton Adèle... avec son cœur sur la main...

GEORGES. — Qu'est-ce que ça fait?... elle est jolie.

HENRI. — Tiens, mon gros, veux-tu que je te dise ? Eh! bien, je suis mûr pour me marier... je suis plus bon à rien... je sens ça. Pas besoin de ricaner, c'est vrai.

GEORGES. — T'as peut-être pas tort... En somme, t'es plutôt fatigué... et puis, tu prends du ventre.

HENRI. — Ça, c'est rien, et en buvant du thé à chaque repas... Malheureusement, je suis difficile, et je voudrais une jeune fille innocente, une enfant ne connaissant rien de la vie.

GEORGES. — T'es pas dégoûté !... Une vierge, alors!

HENRI. — Tu l'as dit.

GEORGES. — Pas commode à trouver. Cependant, j'en ai vu une, il y a une quinzaine... Ah ! là, là! dix-sept ans, jolie comme un amour, et naïve !...

Henri. — Bonne famille?

Georges. — Épatante!

Henri. — Riche?

Georges. — Assez.

Henri. — Où est-elle?

Georges. — Au couvent.

Henri. — Tu connais le père?

Georges. — Je te crois, je dîne demain soir chez lui.

Henri. — Moyen de me faire inviter un de ces jours?

Georges. — Si ça te va.

Henri. — T'es un frère, ta main?

Georges. — Et vingt-cinq louis... si tu peux me les prêter.

Henri. — Pourquoi faire?

Georges. — Est-ce que je te demande ce que tu fais de ton argent?

Henri. — C'est vrai. Tiens.

Georges. — Et, maintenant, hop! habille-toi et viens à l'Hippique.

Henri. — A l'Hippique?

Georges. — Paraît qu'il y aura des chevaux très chics...

Henri. — Ah!... Et des juments aussi?

Georges. — Animal, va!... en as-tu de l'esprit!

Henri. — Oh!... pour ce que ça me sert...

*Quatre mois après.*

Blanche. — Alors, chéri, tu es heureux d'être mon petit mari?

Henri. — Très heureux... Si on éteignait la lampe? il est une heure du matin.

Blanche. — Oh!... méchant!... pas encore, dis... (*En l'embrassant.*) dis...

Henri. — Ah!

Blanche. — Et puis je voudrais te demander quelque chose.

Henri. — Quoi donc?

Blanche. — Cette boîte qui est accrochée là-bas, au bout de la chambre, et qui est faite comme les boîtes aux lettres, qu'est-ce que c'est?

Henri. — Rien.

Blanche. — Vilain menteur! Chaque fois que tu te lèves, tu glisses quelque chose dedans qui résonne en tombant. Et j'ai remarqué... (*Elle lui parle bas à l'oreille.*)

Henri. — Oh! tu pouvais le dire tout haut... nous ne sommes pas à l'hôtel, il n'y a personne à côté.

Blanche. — Oh!... oh!... Henri!...

Henri. — Enfant, va!

Blanche. — Je t'en prie, dis-moi?

Henri. — Voici : Avant de me marier, quand il m'arrivait de... de m'amuser, de souper en bonne compagnie, ça me coûtait — faut prendre une moyenne — dans les cinq louis, n'est-ce pas ?

Blanche, *très attentive*. — Oui.

Henri. — Eh ! bien, maintenant que j'ai une petite femme à moi, quand il m'arrive... comprends-tu, bébé ?

Blanche, *vivement*. — Oh ! sûr.

Henri. — Donc, au bout de l'année, je verrai l'économie faite.

Blanche. — Cinq louis !... Tu donnais cinq louis, chéri ?

Henri. — Oui, j'ai toujours été très chic, très généreux, très large...

Blanche. — Au couvent, l'aumônier ne nous donnait qu'une image.

Henri. — !!!

# LE SECOND AMANT

RENÉ DULAC.
JEANNE D'ALBERT.
GEORGES D'ALBERT.

Le domestique, *annonçant*. — Monsieur René Dulac.

Jeanne, *stupéfaite*. — Vous!

René. — Oui, moi... c'est moi! Elle est bien bonne, n'est-il pas vrai, et vous ne vous attendiez pas à me voir! Non, faut-il que je sois le dernier des imbéciles!

Jeanne. — Pourquoi?

René. — C'est cela, questionnez... Ah! fichtre! vous avez bien raison de sourire... je dois être profondément ridicule en ce moment.

Jeanne. — Mais...

René. — Vous êtes mariée!... mariée!... vous qui m'aviez promis...

Jeanne. — Fallait pas vous absenter pendant trois ans... J'ai cru que vous étiez mort!...

RENÉ. — Vous avez le deuil gai. Et... et vous êtes heureuse?

JEANNE. — Mon Dieu ! oui.

RENÉ. — Des enfants?

JEANNE. — Pas encore.

RENÉ. — Et votre mari vous plaît?

JEANNE. — Probablement, puisque je l'ai pris et que je suis sa femme.

RENÉ. — Ça, ça n'est pas une raison.

JEANNE. — Merci.

RENÉ. — Voulez-vous que je vous dise quelque chose qui va vous surprendre?

JEANNE. — Allez.

RENÉ. — Eh! bien, malgré tout, je sens que je vous aime encore.

JEANNE. — Vraiment?

RENÉ. — Parole d'honneur.

JEANNE. — Et moi, soit dit sans fatuité, je suis persuadée que vous m'aimez plus qu'avant?

RENÉ. — Parce que?

JEANNE. — Parce que vous ne pouvez plus m'avoir.

RENÉ. — Quelle plaisanterie!... je vous aurai.

JEANNE. — Comment?

RENÉ. — Je vous aurai.

JEANNE. — Grand enfant!

René. — La femme la plus honnête peut se laisser entraîner.

Jeanne. — Certes... mais vous tombez mal avec moi.

René. — Pourvu que je ne sois pas le premier amant, c'est tout ce que je demande.

Jeanne. — Vous n'êtes qu'un insolent, mon cher... Badinez tant que vous voudrez... mais je vous défends de me parler ainsi.

René. — Je vous fais toutes mes excuses.

Jeanne. — Il en est temps. Voici mon mari... Monsieur René Dulac... un vieil ami qui revient de très loin..

Georges. — Ma femme m'a souvent..

René, *vivement*. — Enchanté.

*Six mois après.*

Jeanne. — Pourquoi avez-vous été raconter à mon mari que Gaston me faisait la cour?

René. — Parce que je suis un honnête homme.

Jeanne. — Allons donc!... c'est la jalousie qui vous a guidé.

René. — Du tout... et mon intérêt était de me taire, au contraire... vous savez bien pourquoi?

Jeanne. — Non.

René. — Je ne serai jamais le premier amant d'une femme.

JEANNE, *moins froissée qu'il y a six mois.* — Vous êtes grotesque.

RENÉ. — Ça se peut.

JEANNE. — Avouez franchement que vous m'aimez beaucoup moins aujourd'hui?

RENÉ. — J'ai une grande amitié pour vous... une grande affection.

JEANNE, *l'air subitement ennuyé.* — Ah! Et si je vous disais, moi, que vous me plaisez énormément... que...

RENÉ. — Grande enfant!

*Six mois après.*

JEANNE. — J'ai un amant.

RENÉ. — Allons donc!... Vous voulez rire.

JEANNE. — Je vous le jure.

RENÉ. — Je n'en crois pas un mot.

JEANNE. — Lisez ces lettres.

RENÉ, *tout en lisant.* — Charmant... joli style... belle écriture... pas mal... Oh! oh! il a tant pleuré que ça... pauvre petit!...

JEANNE. — Eh bien?

RENÉ. — Je n'en reviens pas!... je suis stupéfait.

JEANNE, *l'air enchanté.* — Ah!... enfin!...

RENÉ. — Et votre mari?

JEANNE. — Je ne peux plus le voir en peinture.

RENÉ. — Très curieux.

JEANNE. — Vous n'avez rien à me dire... rien à me demander?

RENÉ. — Et cette liaison date de loin?

JEANNE. — Huit jours.

RENÉ. — Seulement!

JEANNE. — C'est sept fois vingt-quatre heures de trop.

RENÉ. — Comment cela?

JEANNE. — J'ai agi dans un moment de folie, parbleu! et... et... (*Ne se contenant plus.*) et... tu n'ignores pas pourquoi?

RENÉ. — Mais...

JEANNE. — Alors?

RENÉ. — C'est bien simple... (*Entre les dents.*) Maintenant, vous me dégoûtez...

JEANNE. — René!... vous n'êtes qu'un insolent!... qu'un...

RENÉ. — Je vous fais toutes mes excuses...

JEANNE. — Il en est temps... voici mon mari.

# CES DAMES

### A l'Hippique

La scène se passe à la Butte aux lapins — seule butte où l'on s'amuse, paraît-il. — Comme personnages, ceux qui étaient là hier, avant-hier, et qui seront encore là demain.

Par-ci, par-là, une femme honnête qui est venue pour voir les costumes que portent ces dames.

LA PETITE DUMARQUET, *vingt-deux ans; très jolie, très connue, très à la mode.*
LA BELLE MATHILDE, *sera ainsi nommée jusqu'à sa mort. A dépassé la quarantaine. Très bien teinte et bête à manger du foin. A fait fortune grâce à cette infirmité.*
MARTHE DUCHÊNE, *vingt-huit ans; très poseuse, n'aime pas sourire de peur d'être ridée trop tôt.*
NONOCHE, *bonne petite fille. Un vrai gavroche.*
ARTHUR DUFLAQUE, *pas méchant pour deux sous : possède assez d'esprit pour contenter ces dames.*
MAURICE DE BORNU. *Voir le portrait de Duflaque.*

LA PETITE DUMARQUET. — Ah! zut!... Mathilde, pige-moi la toilette de Marthe Duchêne!

LA BELLE MATHILDE. — Où donc?

LA PETITE DUMARQUET. — Là, derrière nous...; Tiens, elle passe en ce moment; c'est pas possible, c'est au Temple qu'elle a déniché ça! ou chez sa mère qu'est marchande à la toilette. Quand on a du goût comme ça, faut se fiche à l'eau, tu sais.

La belle Mathilde. — Et la mienne, elle te plait?

La petite Dumarquet. — Oh! toi, t'es toujours bien mise. Qu'est-ce qu'elle te coûte, cette robe-là?

La belle Mathilde. — J'ai pas demandé le prix; on me fait crédit, alors...

La petite Dumarquet. — Tu ne t'embêtes pas, toi.

La belle Mathilde. — Tiens, v'là Duflaque!

La petite Dumarquet. — Ah! bien, celui-là, s'il y avait un concours de daims, il aurait le premier prix.

La belle Mathilde. — Il est bête?

La petite Dumarquet. — Plus bête que ça encore.

Duflaque. — Bonjour, toi... (*A la petite Dumarquet.*) Bonjour, la gosse?

La petite Dumarquet. — Qu'est-ce que tu viens faire ici?

Duflaque. — Je viens voir les chevaux. Et toi?

La petite Dumarquet. — Moi, je cherche si je trouverai un garçon plus intelligent que toi... pas moyen.

Duflaque. — Est-elle drôle, hein?

La belle Mathilde. — Tu me fais faire un tour au Bois après le concours ?

Duflaque. — Pas possible... J'y vais avec ma mère et ma sœur qui m'attendent là-bas.

La petite Dumarquet. — Elle est jolie, ta sœur ?

Duflaque. — Et la tienne ?

La petite Dumarquet, *l'imitant.* — Et la tienne ?... gros malin !... Flûte, alors, s'ils sont tous de ta force, dans ta famille ; ce que vous devez rigoler, le soir, après le dîner !

Duflaque. — Paf, l'artilleur est tombé ! Il a mené son cheval trop vivement sur l'obstacle.

La petite Dumarquet. — Tais-toi donc ! tu n'y connais rien... Tu saurais même pas monter un escalier sans te fiche par terre.

Marthe Duchêne. — Bonjour, vous autres ! Bonjour, Duflaque !

Duflaque. — Bonjour, ma petite Marthe. Es-tu chic !

Marthe Duchêne. — Vrai ?

La petite Dumarquet, *bas à Mathilde.* — L'idiot ! Il y a longtemps qu'il n'avait pas dit une bêtise ! Non, mais est-elle fagotée !...

Marthe Duchêne. — La nuance est jolie, n'est-ce pas, Dumarquet ?

La petite Dumarquet. — Épatante !... T'as l'air d'avoir quinze ans.

DUFLAQUE. — Allons, bon! si les femmes honnêtes viennent de ce côté-ci, maintenant!...

LA PETITE DUMARQUET. — Et puis, après?

LA BELLE MATHILDE. — Elle a raison : et puis après?

MARTHE DUCHÊNE. — Il y en a là-bas, dans les sociétaires, qui ne nous valent pas, vous saurez ça, mon cher.

LA PETITE DUMARQUET. — Laissez-le donc tranquille et qu'il aille retrouver sa maman...

DUFLAQUE, *froissé*. — Bonsoir.

LA PETITE DUMARQUET. — Bon vent!... En v'là encore un poseur! Ça n'a pas le sou et ça ose vous embêter et vous raser pendant des heures...

MARTHE DUCHÊNE. — Je croyais qu'il était riche, au contraire; il m'avait dit...

LA PETITE DUMARQUET. — Il t'avait dit... s'il était calé, il ne l'aurait pas dit, dors tranquille! Ça n'a pas cinquante louis par mois dans sa poche, je te le garantis.

MARTHE DUCHÊNE. — Ah!... c'est bon à savoir.

LA BELLE MATHILDE. — V'là Nonoche.

NONOCHE. — Bonjour, la coterie! Ah! non, ce que je viens de rigoler!...

LA PETITE DUMARQUET. — Regardez donc... en voilà un dragon qui monte bien!

Nonoche. — Tu nous assommes avec tes chevaux ! Écoute donc ?

La petite Dumarquet. — Vas-y, la môme.

Nonoche. — Tu connais bien Jules Garda, mon ancien amant? Et toi aussi, Marthe ?

Marthe, *tout en saluant un vieux Monsieur décoré qui passe.* — Oui... oui...

Nonoche. — Eh bien! il est maintenant avec Adèle Richard.

La belle Mathilde. — La grande maigre !

Nonoche. — Oui, la perche grasse, comme nous l'appelons. Il est avec ça! Ah! non, ce qu'il me dégoûte, maintenant! (*Apercevant une autre femme.*) C'est comme celle-là, Jeanne Laque, elle a trouvé son affaire; elle qui ne dégrise pas, elle est avec un représentant de vins de champagne.

Marthe Duchêne. — Tiens, voilà un officier de chasseurs qui me plairait rudement!

Maurice Bornu. — Bonjour, Mesdames!

Nonoche. — C'est le plus chic, celui-là! Bonjour, mon petit Ri-rice! Ainsi, l'autre jour, je lui ai demandé quinze louis; eh! bien, il me les a donnés tout de suite... et pas ça entre nous, pas vrai, dis ? C'est rare, ces choses-là !

Maurice Bornu. — Tenez, voilà l'officier pour lequel je viens.

Marthe Duchêne. — Vous le connaissez ?

MAURICE BORNU. — C'est mon ami intime.

NONOCHE. — Il est riche?

MAURICE BORNU. — Deux cent mille livres de rente.

TOUTES ENSEMBLE. — Ah! (*Elles descendent les marches et applaudissent quand il passe*).

MARTHE DUCHÊNE. — Pourrez-vous me le présenter?

LA PETITE DUMARQUET, *bas aux autres*. — Elle perd pas la carte, celle-là.

MAURICE BORNU. — Il est marié depuis deux mois.

MARTHE DUCHÊNE — Alors!...

LA PETITE DUMARQUET. — Est-il bête!... fallait donc le dire tout de suite! On s'éreinte à le regarder.

(*Elles remontent les marches*).

# PIÈCE A FAIRE. — SCÉNARIO

Titre non définitif: *Un homme fort*. Comédie en 4 actes se composant de quatre scènes très longues.

### A Paris de nos jours

#### PERSONNAGES :

LE PÈRE.
LA MÈRE.
LA FILLE.
LE JEUNE HOMME.

Le père et la mère ont rencontré un jeune homme dans un salon. Il est beau, il est grand, il est riche ; ils espèrent qu'il demandera la main de leur fille. Ils l'ont invité.

La scène représente un boudoir bien meublé.

## ACTE PREMIER

La Fille. Le Jeune Homme.

Lui, il s'en fiche de la demoiselle ! L'épouser, jamais de la vie, elle n'a pas le sou. Il est seul avec elle au lever du rideau, donc rien à craindre.

Il s'avance bravement, lui prend les deux mains, ouvre la bouche, cligne les yeux... (*Trémolo à l'orchestre*) l'enlace et la séduit.

*La toile tombe.*

## ACTE DEUX

### MÊME DÉCOR

La mère est assise au coin du feu. On annonce le jeune homme. Il vient pour la dernière fois dans cette maison, il en a plein le dos. Il est résolu et veut tout dire à la mère; mais, chose étrange, les mots s'arrêtent sur ses lèvres — la mère est encore bien, ma foi; — personne à côté, donc rien à craindre. Il s'avance bravement vers elle, lui prend les deux mains, ouvre la bouche, cligne les yeux.. (*Trémolo à l'orchestre*) l'enlace et la séduit.

*La toile tombe*

## ACTE TROIS

### MÊME DÉCOR. — CINQ MOIS APRÈS

Le père est seul dans le salon. Il lit son journal. Le jeune homme entre, bien décidé à prendre congé. Mais, tout à coup, il s'avance, il lui prend les deux mains, ouvre la bouche... etc... et il le... séduit.

*La toile tombe.*

## ACTE QUATRE

### MÊME DÉCOR. — NEUF MOIS APRÈS

Ils sont tous navrés. La mère est dans une situation ennuyeuse, la fille aussi.

Le père, lui, ne sait où donner de la tête. Ils sont tous trois blessés... dans leur amour-propre.

— Allons, c'était un homme fort, disent-ils, les larmes aux yeux, et

*La toile tombe.*

# L'ACHAT

Jean-Marie, avant de s'embarquer pour aller pêcher la morue, monta la grand'route de Sastot — petit village situé à quelques kilomètres de Fécamp — et bientôt s'agenouilla devant le vieux calvaire. Au bout de cinq minutes — le vent sifflait tellement — un craquement se fit entendre et un des bras du Christ — qui était en bois — se détacha et s'abattit sur l'épaule de Jean-Marie ! Vivement, celui-ci se leva et, à pas lents, se dirigea sur Fécamp.

— Comme te voilà pâle ! lui dit-on, une fois qu'il fut arrivé ! — Oh ! c'est rien, répondit-il, un peu mal là, et pis v'là tout. C'est le Christ qui s'est laissé, comme ça, tomber un bras.

Le maire de Sastot, apprenant la chose, réunit quelques notables du pays et proposa d'acheter un Christ neuf, un Christ plus solide, et pouvant résister au vent et à la pluie : en bronze, en fer, en plomb ou en autre métal. On discuta pendant une bonne heure et, finalement, à l'unanimité, la chose fut acceptée.

Deux marins — *les plus intelligents de l'endroit* — furent choisis pour aller au Havre acheter un Seigneur de meilleure qualité.

Ils partirent, et une fois au Havre :

LE PREMIER MARIN. — Bonjour, m'sieu l'marchand d'calvaires !

LE DEUXIÈME MARIN. — Bonjour, m'sieu l'marchand d'calvaires.

LE MARCHAND. — Vous désirez, messieurs... Asseyez-vous donc.

LE PREMIER MARIN. — Oh ! on est ben sur ses jambes.

LE DEUXIÈME MARIN. — C'est not'maire, l'maire de Sastot, qui nous a dit comme ça : L's'enfants, à c't'heure, faut que vous partiez au Havre pour m'chercher un Christ neuf pour l'pays. L'not'e est usé, pas vrai, té ?

LE PREMIER MARIN. — Oui, donc.

LE DEUXIÈME MARIN. — Alors, nous v'là.

LE MARCHAND. — Et comment vous le faut-il ?

LE PREMIER MARIN. — En... en... comment qu'il a dit, té !

LE DEUXIÈME MARIN. — En métal, donc.

LE PREMIER MARIN. — C'est ça.

LE MARCHAND. — Et vivant, agonisant ou mort ?

Le deuxième marin, *embarrassé*. — Ah! bon sang, y nous a point parlé de c't'affaire-là!

Le marchand. — Prenez-le agonisant, alors.

Le premier marin. — Ah! ma fé, non... on va toujours le prendre vivant... si y n'plaît point comme ça... y pourront toujours le tuer...

# LE RÉVEILLON

*Minuit. Monsieur et Madame sortent du théâtre.*

Monsieur. — Non, mignonnne, allons au café Riche ; c'est plus comme il faut, je t'assure.

Madame. — Il est assommant, ton café Riche ! c'est toujours la même chose et les mêmes gens ! Je t'en supplie, mon petit Georges, c'est pas réveillon tous les jours, mène-moi dans un restaurant où il y a des femmes.

Monsieur. — Comment, des femmes ?

Madame. — Des cocottes, si tu aimes mieux.

Monsieur. — Mais qu'est-ce que tu as ? tu es folle, ce soir !

Madame. — Non, mon loup, je me sens vicieuse... oh ! mais, vicieuse !...

Monsieur, *souriant*. — Vraiment ?

Madame. — Tu veux bien alors, dis ?

Monsieur. — Grande enfant ! Ces femmes-là se

ressemblent toutes... et qui en a vu une en a vu cent.

Madame. — Qu'est-ce que ça te fait, puisque ça m'amuse ?

Monsieur. — Mais, moi, je trouve ça idiot, ma parole d'honneur !

Madame. — Pour une fois !

Monsieur. — De plus, ce n'est pas la place d'une femme mariée.

Madame, *très tendre*. — Tais-toi donc ; on croira que je suis ta maîtresse.

Monsieur. — C'est le réveillon, ça va être dégoûtant.

Madame. — Tant mieux.

Monsieur. — Non, ce n'est pas possible, décidément.

Madame. — Tu as peur, sans doute, de rencontrer une demoiselle de ta connaissance.

Monsieur. — Grosse bête, va ! Du reste, je n'ai jamais fréquenté ces sortes de femmes.

Madame. — Qu'est-ce qu'elles ont ?

Monsieur. — Ce sont des malheureuses qu'on a pour un louis... et encore ça dépend de l'heure.

Madame. — Rentrons là.

Monsieur. — Au café Américain ?... Oh !

Madame. — Mais oui, viens donc. (*Elle l'entraîne. Ils montent au premier étage.*)

Monsieur. — Dieu ! que tu es ennuyeuse ! (*Ils s'asseyent.*)

Madame. — Regarde donc cette grande, là-bas ; est-elle laide, hein ?

Une Cocotte, *apercevant Monsieur.* — Tiens, ce bon Gustave ! Bonjour, Ta-tave ? Vous permettez, madame ? Garçon, une fine, c'est monsieur qui régale.

*Monsieur devient blême. Madame demeure pétrifiée. La Cocotte avale son petit verre et va s'asseoir à côté de Madame.*

La Cocotte, *à voix basse.* — Vous savez, je vous préviens : je l'ai connu, il y a deux ans, votre client... Avec ce type-là, faut vous faire payer d'avance.

Madame. — !!!

*La Cocotte se lève, salue et sort.*

# LES TROIS JEUNES GENS
## LA PETITE FEMME ET LE VIEUX JUIF

Le premier jeune homme. — Vous êtes absolument charmante ; pas vrai, toi ?

Le deuxième jeune homme. — Sûr, qu'elle est jolie !

Le troisième jeune homme. — Et elle vous a une de ces tailles !...

La petite femme. — On n'est pas plus aimable...

Le vieux juif. — Foui, un fisage délicieux !...

Le premier jeune homme. — J'ai envie de vous offrir un cadeau.

La petite femme. — Mais, vous savez, faut pas vous gêner.

Premier jeune homme. — Dans les dix louis.

La petite femme. — J'accepte avec plaisir.

Le premier jeune homme. — Et que voulez-vous ?

La petite femme. — Un beau buvard me ferait plaisir.

Le vieux juif. — Ponne idée.

Le premier jeune homme. — Il sera chez vous demain, sans faute.

Le deuxième jeune homme. — Et moi, je vais vous en faire un de cinq louis.

La petite femme. — C'est pour de bon ?

Le deuxième jeune homme. — Je ne plaisante jamais... Voulez-vous un porte-plume en or ?

La petite femme. — Certainement.

Le deuxième jeune homme. — Il sera chez vous demain sans faute.

La petite femme. — Êtes-vous assez gentils, assez mignons... tous !... Et tout cela sans me demander autre chose... une récompense ?

Le troisième jeune homme. — Puis-je me permettre de vous envoyer, à mon tour, un encrier ravissant que j'ai vu, aujourd'hui, sur les boulevards ?

La petite femme. — Je suis honteuse et je ne sais vraiment si je dois..

Le vieux juif. — Mais foui, cheune femme, defez, defez...

La petite femme. — Bon... j'accepte. Si je ne me rétenais pas, je vous embrasserais tous...

Le vieux juif. — Vous poufez...

La petite femme. — Et vous, à propos, le vieux, quel cadeau allez-vous m'apporter?

Le vieux juif. — Si ch'osais... si ch'osais...

Les trois jeunes gens. — Osez donc...

Le vieux juif. — Eh! bien, puisque fus avez le puvard, le borde-plume et l'encrier... moi je fus enferrai l'encre, betite femme... ça va-t-y?

# LE THÉATRE DE LA SEMAINE

---

*M. et M^me Dimanche, de braves et riches bourgeois retirés des affaires, se sont mis dans la tête de recevoir une fois par semaine les gens en vogue. Donc, aujourd'hui, premier jour de réception.*

M^me Dimanche. — Ernest? Ernest? où es-tu?

M. Dimanche. — Me voici, bonne amie.

M^me Dimanche. — Eh! bien, tout est prêt, terminé?

M. Dimanche. — Oui. Le buffet est dressé, le salon est illuminé, la serre est garnie de plantes et de fleurs, les musiciens sont à leurs pupitres... quant à moi : regarde.

M^me Dimanche. La culotte courte te va à ravir.

M. Dimanche. — N'est-ce pas?

M^me Dimanche. — Et ma robe?

M. Dimanche. — Exquise!

M^me Dimanche. — C'est pas tout ça, il est dix heures, chéri; les invités ne vont pas tarder. Qui avons-nous exactement?

M. Dimanche. — J'ai la liste dans ma poche.

Mᵐᵉ Dimanche. — Sors-la.

M. Dimanche. — Je la sors.

Mᵐᵉ Dimanche. — Ah! pendant que j'y pense, tu pas prévenu Henri?

M. Dimanche. — Il annoncera, c'est entendu.

Mᵐᵉ Dimanche. — Maintenant, lis-moi cela.

M. Dimanche. — Pour commencer : le sâr Péladan.

Mᵐᵉ Dimanche, *comptant sur ses doigts*. — Ça fait deux.

M. Dimanche. — Dieu! ma pauvre chatte, que c'est ennuyeux que tu n'aies pas de mémoire! Je t'ai déjà répété cent fois que le sâr Péladan ça ne fait qu'un! Figure-toi que « sâr » c'est son petit nom, là! Allons, tu n'oublieras plus.

Mᵐᵉ Dimanche. — Ne gronde pas, je me souviendrai.

M. Dimanche. — Je t'en supplie, lis les journaux! Ensuite, nous avons M. Rostand, l'auteur des *Romanesques*, la pièce à succès du Théâtre-Français.

Mᵐᵉ Dimanche. — Tu sais tout.

M. Dimanche. — Puis, Footit.

Mᵐᵉ Dimanche. — Qu'est-ce que c'est que ça?

M. Dimanche. — Le clown du Nouveau-Cirque qui est enfin revenu.

Mme DIMANCHE. — Il est invité ?

M. DIMANCHE. — Parfaitement. Nous avons encore M. Deibler.

Mme DIMANCHE. — Ça c'est pas vrai, par exemple ! Tu veux te moquer de moi.

M. DIMANCHE. — Du tout !

Mme DIMANCHE. — Le bourreau ?

M. DIMANCHE. — L'unique.. le seul !

Mme DIMANCHE. — Grand Dieu ! Que va-t-on penser ?

M. DIMANCHE. — Ah ! mignonne, je t'en conjure, pas le moindre reproche ! J'ai dit à l'impresario ce que tu m'as demandé : Ma femme et moi désirons avoir un salon littéraire ; comment faut-il nous y prendre pour avoir chez nous les personnes dont on parle le plus chaque semaine ? Il m'a répondu : « Je vois que vous êtes artiste ; l'art vous intéresse, ça vous coûtera tant... Je vous aurai ça à de belles conditions. » Il a tenu parole.

Mme DIMANCHE. — Mais M. Deibler, c'est pas un artiste.

M. DIMANCHE. — Dans son genre, faut croire que si.

Mme DIMANCHE. — Si j'avais su !

M. DIMANCHE, *continuant*. — Mlle Sibyl Sanderson, de l'Opéra.

Mme DIMANCHE. — A la bonne heure! Elle va se marier, hein?

M. DIMANCHE. — Oui, avec le fils d'un richissime Américain, qui a douze ans.

Mme DIMANCHE. — Pauvre petit!

M. DIMANCHE. — Il grandira. Puis Mlle Liane de Pougy.

Mme DIMANCHE, *révoltée*. — La demi-mondaine? Ah! non, ce que je vais te la flanquer à la porte! Il est fou, ton impresario!

M. DIMANCHE. — Tu resteras tranquille. Ce n'est plus une demi-mondaine, pas même une cocotte; c'est un prestidigitateur, ce qui n'est pas du tout la même chose. Elle est engagée à Saint-Pétersbourg par M. Gunsbourg.. Donc, c'est une artiste aussi; faudra la remercier.

Mme DIMANCHE, *résignée*. — Enfin!

M. DIMANCHE. — M. Joseph Fabre.

Mme DIMANCHE. — Je n'ose plus t'interroger.

M. DIMANCHE. — Quel homme est-ce? Je n'en sais rien. Un peu parent à Jeanne d'Arc, à ce qu'il paraît.

Mme DIMANCHE. — Je respire!

M. DIMANCHE. — Dumas.

Mme DIMANCHE. — C'est pas possible! Il veut bien se déranger pour nous?

M. Dimanche. — Je te crois. Pour la peine, m'a-t-il dit, je vous soignerai en conséquence.

Mme Dimanche, — Tu l'as donc vu?

M. Dimanche. — Hier, il m'a même pris mesure.

Mme Dimanche. Mais de qui parles-tu donc?

M. Dimanche. — De notre cordonnier, parbleu!

Mme Dimanche. — Dieu! que tu es bête!

M. Dimanche. — Parce que?

Mme Dimanche. — Je croyais que c'était Alexandre.

M. Dimanche. — Bébé, va! Enfin, nous avons M. Poé.

Mme Dimanche. — Edgar?

M. Dimanche. — Chérie! oh! chérie! C'est à genoux que je te prie d'ouvrir la bouche le moins possible, ce soir; Edgar est mort. Je te parle de Lugné-Poé, le directeur de l'Œuvre.

Mme Dimanche. — Tais-toi, voici du monde.

Le domestique, *annonçant*. — Monsieur le sâr Péladan.

M. Dimanche. — Monsieur, je suis enchanté... ma femme, Madame Dimanche.

Le sar Péladan. — Seigneur, Madame... (*Il s'éloigne et se perd au milieu des autres invités inconnus.*)

M. Dimanche. — Pourquoi m'a-t-il appelé Seigneur?

M^me Dimanche. — Tu 'es en culotte courte.

M. Dimanche. — C'est vrai, je n'y pensais plus.

Le sar Péladan, *très entouré.* — Uruck raconte sa vie, son serment à Sapaya, sa lutte contre Trouklat-Babal, Salmanasar, Sargon, Linnakirib...

M. Dimanche, *enthousiasmé.* — Tu l'entends... tu l'entends...

Le domestique, *annonçant.* — Monsieur Foottit.

M. Dimanche. — Vous voilà enfin parmi nous, monsieur Clown !

Foottit. — Yes, j'ai lâché le petite femme... All right!.. (*Il saute par-dessus une table et va causer avec le sâr.*)

Le domestique, *annonçant.* — M. Rostand.

M^me Dimanche, *se précipitant.* — Oh ! monsieur !

M. Dimanche (*même jeu.*) — Oh ! monsieur !

M. Rostand. — Merci.

M. Dimanche. — Quel succès! Un début!... A votre âge ! Ah ! si notre fils possédait votre talent !

M. Rostand. — Il est jeune ?

M^me Dimanche. — Nous n'avons pas encore d'enfant.

Le sar Péladan, *s'approchant.* — Monsieur Rostand, n'est-ce pas ?

M. Rostand. — Le sâr Péladan, si je ne me trompe ?

(*Ils s'éloignent en parlant ensemble de leurs pièces.*)

Le domestique, *annonçant*. — M. Deibler.

M. Deibler, *très gai*. — Coupe les queues, coupe les chats, les cous et les oreilles...

M. Dimanche, *à sa femme*. — Tu vois qu'il est drôle.

Le domestique. — Monsieur Fabre, monsieur Dumas.

(*A ce dernier nom, tout le monde se retourne, puis se détourne.*)

M. Dumas. — Demain, cher monsieur Dimanche, vos chaussures seront terminées.

M. Dimanche, *bas*. — Ne parlez pas de cela ici.

Le domestique. — Madame de Pougy.

(*Tous les hommes s'approchent.*)

M. Dimanche. — Oh! madame de Pougy, que c'est aimable à vous d'être venue!... Tu vois, chérie, c'est madame qui fait danser des tables, des chaises, etc., etc., rien qu'avec une baguette.

M^me Dimanche. — Ce doit être difficile, n'est-ce pas?

M^me Liane de Pougy. — Ma foi, vous savez, j'en sais rien.

M. Dimanche. — Elle est charmante!

Le Domestique. — Madame Sybil Sanderson.

M. Dimanche. — Quel honneur, madame... je... je...

M^me DIMANCHE. — Est-il vrai que vous allez vous marier?

M^me S. SANDERSON. — (*Elle s'éloigne en chantant.*)

M. DIMANCHE. — Peut-on vous répondre plus gracieusement!

M. FOOTTIT, *à Deibler*. — Voyons, voulez-vous parier une bouteille de champagne que je saute par-dessus le buffet sans toucher à rien du tout?

M. DEIBLER. — C'est fait.

(*Il franchit le buffet et casse une douzaine de verres; tout le monde applaudit.*)

M^me DIMANCHE. — Oh! notre beau service!

M. DIMANCHE. — Pour moi, il l'a fait exprès... il est très amusant!

M^me DIMANCHE. — Ah! monsieur Fabre, si vous nous parliez un peu de Jeanne d'Arc!

M. FABRE. — Volontiers, madame. (*Il s'accoude à la cheminée. Tout le monde s'assied.*) Jeanne d'Arc, jeune bergère, née à Domrémy en 1409, délivra Orléans assiégé par les Anglais, fit sacrer Charles VII à Reims, fut faite prisonnière à Compiègne et brûlée vive à Rouen, en 1431.

TOUS LES INVITÉS. — Oh!

M. FABRE. — Comme ses juges lui demandaient pourquoi son étendard plutôt que les autres avait été porté à l'église de Reims, elle répondit : « Il avait été à la peine, c'était bien raison qu'il fût à l'honneur. »

M. Rostand, *se tournant vers le sâr*. — Mais c'est le Larousse qu'il nous récite là!

M. Floquet, *entrant aussitôt*. — Le Larousse est le *Petit Journal* de l'Histoire.

(*Malgré cette interruption, M. Fabre continue. Le sâr et M. Rostand s'éloignent.*)

M. Rostand. — Vous avez vu les *Romanesques*?

Le sar. — Oui. La pièce a les trois caractères du genre : 1° l'indignité des personnages; 2° la vulgarité constante du langage; 3° la clarté du sujet. Ah! que n'êtes-vous affranchi de toute contingence!

M. Rostand, *abruti*. — Quoi?

Le sar. — Vos éclats d'âme ne terrassent pas la féminité.

M. Rostand. — C'est que je n'en ai pas envie.

L. de Pougy, *qui a entendu*. — Il a raison.

Le sar. — Il a tort. Mieux vaudrait pour lui être moins dramatique, plus lumineux; il deviendrait l'infaillible cerveau.

Rostand, *énervé, à Liane*. — Venez, venez plutôt me raconter comment vous vous y prenez pour faire danser des tables.

L. de Pougy. — Voici : Dicksonn est derrière la draperie noire... (*Ils s'éloignent.*)

M. Dimanche, *à sa femme*. — Eh! bien, chérie, t'amuses-tu? Non, mais sont-ils assez artistes, ces gens-là, hein! Ce M. Fabre, quel homme! quel savant! ce M. le sâr Péladan, quelle diction, et...

M^me Dimanche. — Oui, mais il y en a un qui est bien rasoir.

M. Dimanche. — Lequel, mignonne?

M^me Dimanche. — Monsieur Deibler.

# LEURS FILS

## CHAPITRE PREMIER

MICHELINE, *trente ans, fatiguée... par les nuits blanches.*
LUCIEN, *sept ans.*
LA MÈRE FRANÇOISE, *soixante ans.*
LA BONNE.

*Micheline porte son vieux peignoir rose..., peignoir qu'elle met lorsqu'elle n'attend personne. Ses cheveux voltigent de droite et de gauche, heureux d'être restés vingt-quatre heures sans être ondulés. Ses bas tombent. Jour de repos!*

MICHELINE. — Eh bien! mon p'tit gas, tu ne me reconnais pas?

LUCIEN, *en baissant la tête.* — Non...

MICHELINE. — C'est épatant!... Tu ne te souviens pas quand j'allais te voir là-bas, tout là-bas, à la campagne?

LA MÈRE FRANÇOISE. — Lucien... réponds à la maman, ben vite!... C'est la maman-gâteaux, tu sais bien.

Lucien. — Ah!...

La mère Françoise. — C'est elle, comme ça, qui venait t'apporter des biaux bonnets tout neufs.. quand t'avais tantôt un an!... Te rappelle point!

Lucien. — N...on.

La mère Françoise. — C'est timide à la ville... mais faut l'entendre chez nous... c'que ça jacasse!... (*tirant son mouchoir*) viens-t-en que j'te mouche... t'as donc point de mouchoir?

Micheline. — Approche un peu.

La mère Françoise, *en le poussant*. — Avance donc... n'aie donc point peur!

Micheline. — Bon sang, il est rien lourd!

La mère Françoise. — C'est qu'ça boit et qu'ça mange comme quatre!

Micheline. — T'es pas content que je te garde, auprès de moi, toujours!

Lucien, *les larmes aux yeux*. — S...i.

Micheline. — Embrasse-moi... (*en s'éloignant*). Il me ressemble tout de même, hein!

La mère Françoise. — Ah! pour ça : oui. C'est comme qui dirait votre portrait tout plein.

Micheline. — Il a bien les yeux de son père, pourtant.

La mère Françoise. — Voyez-vous ça.

Micheline. — Et quand je pense qu'il ne s'en est jamais occupé!

LA MÈRE FRANÇOISE. — C'est-y pas malheureux !

MICHELINE. — Ah ! mère Françoise, les hommes, ça vaut pas grand chose... et j'en ai connu pas mal depuis que je suis née !

LA MÈRE FRANÇOISE. — Je comprends ben.

MICHELINE. — Et maintenant, va falloir l'élever.

LA MÈRE FRANÇOISE. — Si c'est qu'ça, c'est point difficile... ça pousse dru à c't'âge-là !

MICHELINE. — Ça t'ennuie, hein, de quitter la mère Françoise?

LUCIEN. — Oui.

LA MÈRE FRANÇOISE. — Veux-tu point dire ça à la maman qu'a toujours été si bonne pour toi ?

MICHELINE. — Laissez donc. Du reste, vous aussi, ça vous chagrine bien un peu que je vous l'enlève?

LA MÈRE FRANÇOISE. — A parler franc, ça m'fait quasiment de la peine... oui. J'y étais habituée à c'gosse-là... et puis on n'est point riche... et le billet d'cinquante qu'arrivait fin d'chaque mois faisait point d'trop chez nous.

MICHELINE. — Oh ! il ne s'embêtera pas ici !

LA MÈRE FRANÇOISE. — Ben sûr... Y verra du monde... et puis c'est cossu.

MICHELINE. — Tu sortiras avec moi en voiture.

LA MÈRE FRANÇOISE. — T'entends, mon Lucien, en voiture, avec un cheval.

LUCIEN, *ouvrant de grands yeux*. — Ah !

MICHELINE. — Avec deux chevaux.

LA MÈRE FRANÇOISE. — Allez donc... avec deux chevaux!

MICHELINE. — Tiens, passe-moi la bourse en or qui est sur la table.

LA MÈRE FRANÇOISE, *toute rouge*. — Mais grouille donc, paresseux!

MICHELINE. — Et donne cette belle pièce de vingt francs à la mère Françoise.

LUCIEN. — Pour... toi... mère... Françoise.

LA MÈRE FRANÇOISE. — Veux-tu point pleurer, grosse bête! On r'viendra t'dire bonjour, pas vrai, la maman?

MICHELINE. — Mais oui.

LA MÈRE FRANÇOISE. — V'là .. v'là-t-y pas que j'vais la verser, moi aussi... (*En l'étreignant*) Pauvre Lucien!... mon Lucien!... (*Tout en larmes*) J'm'sauve... tiens!... (*Elle sort.*)

MICHELINE, *à Lucien, qui n'a pas quitté la porte des yeux*. — Viens.

LUCIEN. — Elle... est... partie... alors?

MICHELINE. — Oui, appuie ton doigt sur le petit timbre qui est là.

LUCIEN. — Où le timbre?

MICHELINE. — (*Elle se lève et le prend*) Là..., appuie. C'est amusant, hein?

LUCIEN, *qui a déjà complètement oublié la mère*

*Françoise*. — Oui... encore. (*Il sonne de nouveau*).

Micheline. — Ce n'est pas chez la mère Françoise que tu avais des joujoux aussi jolis que ceux-là?

Lucien. — Oh! non.

Micheline, *à la bonne qui entre*. — Le voilà!

La bonne, *en s'asseyant par terre devant Lucien*. — Il est rien mignon!... Bonjour, m'sieu. Alors, madame va le garder tout à fait!

Micheline. — Ma foi oui.

La bonne. — C'est qu'il y a des jours... des soirs surtout... où il gênera beaucoup madame.

Micheline. — Bah! on le couchera dans votre chambre.

La bonne. — Encore... mais il y a des fois que ça sera pas commode pour moi non plus.

Micheline. — Enfin, on verra. En attendant, aux Acacias, ce que ça va les épater!

La bonne. — Madame sortira avec lui?

Micheline. — Sûr... ça fera bien.

La bonne. — Oui, ça fera pas mal.

Micheline. — Je vais lui commander un vêtement neuf.

La bonne. — Pantalon long.

Micheline. — Non... court.

La bonne. — Y sera à croquer.

MICHELINE. — Ah! dites-moi, il doit y avoir au grenier une petite malle en cuir jaune.

LA BONNE. — Oui, je vois.

MICHELINE. — Il y a toutes sortes de choses dedans ; des tas de papiers, des lettres, des factures... Prenez mes clefs qui sont dans mon armoire et montez-y.

LA BONNE. — Faudra la descendre ?

MICHELINE. — Non, mais vous chercherez bien au fond... je crois bien que le portrait de son père doit y être. Vous verrez, c'est un grand chauve, avec des moustaches noires.

LA BONNE. — Bien.

MICHELINE. — Du reste... apportez-moi toutes les photographies qui s'y trouvent.

LA BONNE. — Madame va-t-elle faire sa toilette avant de se mettre à table ?

MICHELINE. — Je n'attends personne... mais je vais la faire tout de même. (*La bonne sort... A Lucien*). Maintenant, assieds-toi là et ne bouge pas.

# LEURS FILS

---

## CHAPITRE II

YVONNE, *trente-quatre ans, quoique n'en paraissant que vingt-huit. Femme très méticuleuse, très ordonnée, très économe, très homme d'affaires. A part ces quelques qualités assez rares, jolie et très horizontale.*
MICHEL, *douze ans. Mal élevé. Gavroche en diable, ignorant, mais roublard. A part ces quelques défauts, portrait craché de sa mère.*
L'AMANT, *type connu.*
LA BONNE, *idem.*

*Il est sept heures. La table est mise. C'est la première fois qu'il vient dîner chez elle... On a sorti le beau linge.*

YVONNE. — Eh! bien, tout va?

LA BONNE. — Mon Dieu, oui. Et madame a été voir pour le collège?

YVONNE. — Parlons-en, c'est à vous dégoûter de vouloir faire donner de l'éducation aux enfants.

LA BONNE. — Ah!

YVONNE. — Le directeur avait l'air d'une gourde et par-dessus le marché il a refusé carrément de prendre Michel chez lui.

LA BONNE. — Parce que?

YVONNE — Est-ce que je sais? Si vous croyez qu'il m'a donné des explications! Il me regardait de travers sous ses lunettes! Probable que la pimbêche qu'était au parloir en même temps que moi lui aura dit en sortant qui j'étais.

LA BONNE. — Non!

YVONNE. — C'te farce! si elles faisaient pas le Bois comme nous, celles-là, elles nous reconnaîtraient pas, bien sûr! Mais, voilà, ça fait de l'épate et de l'œil tout comme les autres et ensuite ça a peur que nos petits fassent connaissance avec les leurs!

LA BONNE. — Ça fait suer, quoi!

YVONNE. — Avec ça qu'ils se mouchent autrement que les nôtres, leurs gosses! Bientôt elles nous feront croire qu'ils ont le derrière doré!

MICHEL *entre, sale comme un torchon de cuisine.* — Bonjour, m'an... T'es rien chouette! c'est ton peignoir neuf, dis?

YVONNE. — Allez, touche pas, t'es dégoûtant, où t'es-tu fourré?

MICHEL. — A la cuisine, où je rigole avec le chien qu'a pissé partout.

YVONNE. — Encore !... Eh ! bien, on va me le jeter dehors ce cabot-là !

MICHEL. — Oh ! la pauvre bête !

YVONNE. — Mes cheveux sont bien ?

LA BONNE. — Très bien !

MICHEL. — Pourquoi tu te fais si belle ? Je dine-t-y avec toi, ce soir ?

YVONNE. — Non. Tu mangeras avec la bonne, et de plus, tu tâcheras de te tenir tranquille.

MICHEL. — Bien vrai !

YVONNE. — Et puis, ne réponds pas ou je te claque.

MICHEL. — Je pourrai-t-y venir au dessert, au moins ? Tu te rappelles .. le monsieur, la dernière fois, m'a donné vingt sous.

YVONNE. — Ce soir, ce n'est pas la même chose.

MICHEL, *rêveur*. — Ah !

LA BONNE. — Allons, Michel, laissez donc votre mère tranquille.

MICHEL. — Quand est-ce que je rentrerai à l'école ?

YVONNE, *énervée*. — Quand ça me plaira. On sonne. Allez ouvrir. Toi, file, et pas de potin, hein ?

MICHEL. — Zut, alors !

(*Yvonne le gifle, il se retire en hurlant.*)

L'AMANT. — Bonjour.

YVONNE. — Bonjour, chéri ; tu es en retard.

L'AMANT, *regardant autour de lui.* — Oui... un peu.

YVONNE. — Tu cherches quelque chose?

L'AMANT. — J'avais entendu crier...

YVONNE. — C'était mon chien.

LA BONNE. — Madame est servie.

YVONNE. — As-tu faim, au moins?

L'AMANT. — Assez, ma foi. Eh! mais, dis donc, c'est très chic chez toi.

YVONNE. — Tu sais, c'est gentil, voilà tout.

(*Michel, sur la pointe des pieds, est arrivé près de la porte de la salle à manger. L'œil sur le trou de la serrure.*)

MICHEL. — Oh! qu'il est vieux! qui qu'c'est? (*Comme la bonne va pour remporter le potage, il se cache vivement derrière un rideau, puis revient.*) Ben! v'là qu'elle l'embrasse!...

LA BONNE. — Qu'est-ce que vous faites là, polisson?

MICHEL. — Ch't.. y s'embrassent!

LA BONNE. — Vous n'avez pas honte! (*Elle le pousse et regarde à son tour. A mi-voix.*) Elle est pas dégoûtée!

MICHEL. — Quoi?

LA BONNE. — Rien. (*Elle entre.*)

MICHEL. — C'que l'autre monsieur était plus gentil!

(*La bonne ouvre la porte, l'amant se retourne et aperçoit Michel.*)

L'AMANT. — Tiens, un enfant ! Viens, petit !

MICHEL, *fort pâle.* — Mais...

L'AMANT. — Viens donc, grosse bête, on ne te mangera pas. Dis-lui donc d'entrer.

YVONNE, *l'air furieux.* — Allons, approche, puisqu'on t'appelle.

L'AMANT. — C'est à toi, ce gamin-là ?

YVONNE. — T'es pas fou !

L'AMANT. — Il n'est pas laid... un peu sale... mais pas laid... On dirait qu'il te ressemble.

YVONNE. — Toqué, va ! c'est le fils de la bonne. Elle m'a demandé de le garder deux ou trois jours auprès d'elle.

(*Michel regarde sa mère. Il a les yeux pleins de larmes.*)

L'AMANT. — Pourquoi pleures-tu, mon petit homme ?

YVONNE. — Oh ! je t'en prie, ne l'interroge pas, il est idiot... Donne-lui plutôt deux francs et qu'il s'en aille.

L'AMANT. — Tiens... et va t'amuser !

(*Michel se retire à pas lents et une fois dans la cuisine éclate en sanglots.*)

La bonne. — Qu'est-ce qui te prend ?

Michel. — Elle a... elle a... dit que j'étais ton fils...

La bonne, *en s'en allant.* — Quelle grue !

# LEURS FILS

## CHAPITRE III

JULIETTE, *trente-trois ans. Eut quelques succès jadis. Posséda voiture, petit hôtel, domestiques. Aujourd'hui demeure au troisième sur cour. Emportée, violente... et pas un sou d'économie malgré son âge. En somme intelligence moyenne.*
ARTHUR, *quatorze ans. Fut envoyé au collège pendant cinq ans. Retiré faute d'argent. Vivant chez sa mère, est devenu malin et vicieux. Ferait comme elle... s'il n'était pas garçon.*
AUGUSTINE, *femme de ménage.*
ANATOLE, *c'est Anatole.*

AUGUSTINE. — Eh! bien, elle m'a point l'air de revenir vite, ta mère! Elle a rendez-vous ici à trois heures et il en est quatre.

ARTHUR. — J'ai faim... d'la confiture; tu veux?

AUGUSTINE. — Goulu, va! (*On entend sonner*) Du coup, c'est elle.

JULIETTE. — Personne?

AUGUSTINE. — Non, pas encore.

JULIETTE. — Ça, c'est épatant, par exemple ! moi qui croyais être en retard.

ARTHUR. — Bonjour, m'an.

JULIETTE, *avec humeur*. — Bonjour... bonjour.

ARTHUR. — T'as pensé à mes bretelles, dis ?

JULIETTE. — Ah ! tu m'embêtes avec tes bretelles !... J'ai bien d'autres chiens à fouetter.

ARTHUR. — Bon, mon pantalon y tombe tout le temps !

JULIETTE. — Zut, là !... Es-tu content ? Laisse-le tomber et fiche-moi la paix. (*A Augustine*). Allez me chercher un bleu de cinquante centimes.

AUGUSTINE. — Bon. (*Elle sort*).

JULIETTE. — Et toi, lis un peu ce qu'il y a sur ce papier. (*Elle lui tend une lettre*).

ARTHUR, *lisant*. — Juliette... je... je... vien... vien...

JULIETTE, *s'énervant*. — T'as pas bientôt fini ?

ARTHUR. — C'est mal écrit, tiens. (*Lisant*). Viendrai... à... trois heures et t'apporterai dix louis.

JULIETTE. — C'est bien cela.

ARTHUR, *en faisant claquer ses doigts*. — Chouette ! y a du bon !

JULIETTE. — Qu'est-ce qui te prend ?

ARTHUR. — C'te fois tu pourras m'acheter des bretelles.

JULIETTE. — Veux-tu parier que je te gifle ?

Augustine. — V'là le bleu.

Juliette. — Allons, assieds-toi, je vais te dicter.

Arthur. — Pourquoi qu' tu m'fais toujours écrire pour toi, dis?

Juliette. — Ça ne te regarde pas.

Arthur. — Ah!

Juliette. — Mon cher Anatole... (*L'enfant se tord.*) Qu'as-tu à rire, imbécile?

Arthur. — L'chat de la concierge y s'appelle comme ça!

Augustine. — C'est vrai tout de même.

Juliette, *riant malgré elle*. — Ça, c'est rigolo!

Arthur. — La preuve qu'un jour...

Juliette. — Assez... assez... continue. (*Elle dicte*). J'ai bien besoin de ce que tu me promets, t'attends toujours et t'embrasse sur les yeux.

Arthur, *s'arrêtant*: — Sur les yeux.

Juliette. — Ça te gêne? Et signe : Juliette. Ça y est?

Arthur. — Oui, m'an.

Juliette. — Vite à la poste, Augustine.

Arthur. — Naturellement, v'là qui tombe.

Juliette. — Quoi?

Arthur. — Mon pantalon.

Juliette, *ouvrant la porte*. — Allez... f... moi le camp à la cuisine.

(*Deux heures se passent. Coup de sonnette. C'est*

*Anatole. Baisers. Dix louis... etc... Il s'en va et en s'en allant rencontre Arthur dans l'antichambre.)*

ANATOLE. — Ah! te voilà, toi!

ARTHUR. — Bonjour, m'sieu. Maman vous a embrassé sur les yeux, pas vrai?

ANATOLE. — Comment sais-tu cela, crapaud!

ARTHUR. — Ben, c'est moi qui ai écrit.

ANATOLE. — Alors je vais te donner des gros sous. Tu aimes ça, les gros sous?

ARTHUR, *jubilant*. — Oui.

ANATOLE. — Et qu'est-ce que tu vas faire avec tout cela?

ARTHUR. — J'vais m'acheter des bretelles.

ANATOLE. — Des bretelles!... (*Il sort en riant*).

JULIETTE. — Arthur?... Arthur?

ARTHUR. — M'an?

JULIETTE. — A qui parlais-tu?

ARTHUR. — Au m'sieu.

JULIETTE. — Tu as osé lui parler!... Viens un peu ici... Qu'est-ce qui sonne dans ta poche? (*Elle le fouille*). De l'argent!

ARTHUR. — C'est le m'sieu...

JULIETTE, *le lui prend et le met sur la cheminée*. — Et maintenant, à la cuisine, et que je te repince à mendier.

Augustine, *à Arthur.* — Pourquoi qu'tu bougonnes ?

Arthur. — Elle m'a pris les sous que le m'sieu m'avait donnés.

Augustine. — Malheur! (*Ouvrant son porte-monnaie*). Tiens, j'suis pas riche, mais tout de même v'là pour toi. (*Elle lui glisse une pièce de cinquante centimes*).

Arthur. — Oh!... t'es donc meilleure que maman?

Juliette, *criant*. — Tine... Augustine!...

Augustine. — Aussitôt qu'elle a d'la galette... elle g....e, celle-là!

Arthur, *en retirant sa bottine*. — Je vais la cacher dans ma chaussette.

# LEURS FILS

## CHAPITRE IV

JULIA, *trente-cinq ans.*
GASTON, *dix-sept ans.*

Julia. — Et maintenant que nous sommes seuls, j'ai l'honneur de te dire que tu resteras trois dimanches sans mettre les pieds ici.

Gaston. — Parce que ?

Julia. — Parce que tu n'es qu'une brute et que je regrette d'avoir mis au monde un enfant aussi bête que toi !

Gaston. — Ça, c'est roide.

Julia. — Roide ou non... c'est comme ça. Et quand je pense que je me suis toujours crevée pour te faire donner de l'éducation ! Eh ! bien, mon garçon, tu passeras tes journées là-bas, à la pension, avec tes bons petits camarades... ainsi tu perdras peut-être l'habitude de fourrer ton nez, ton sale nez, où on ne te demande pas de le fourrer.

GASTON. — D'abord j'ai pas un sale nez, ensuite je ne sais pas pourquoi tu me dis tout cela.

JULIA. — Tu ne sais pas !... Lorsque mon amant me donna quinze louis au dessert, je lui fis remarquer que c'était peu ; toi, au contraire, tu t'écrias : « Ben vrai, quinze louis, c'est pourtant de la galette, j'en ferais des choses, moi, pour gagner quinze louis... » ... As-tu dit cela, oui ou non ?

GASTON. — Y a pas de mal.

JULIA. — Tu trouves ! Alors, toi, tu ferais des choses... mais, espèce de crétin, crois-tu donc que je me fais les ongles, moi, pour les gagner ! crois-tu donc que ça m'amuse ?

GASTON. — Si j'avais su...

JULIA. — Si tu avais su !... C'est toujours la même chanson. Tu as la chance d'avoir une mère qui connaît la vie et tu oses donner ton appréciation !

GASTON. — En v'là une affaire !

JULIA. — Et d'abord je te défends de répliquer.

GASTON. — Tu me parles, faut bien que je réponde.

JULIA. — Tu n'as qu'à te taire, et, par-dessus le marché, si je te repince à rigoler avec la bonne, tu verras où je t'enverrai.

GASTON. — Avec la bonne !

JULIA. — Oui, avec Ernestine. Ne fais pas l'idiot, hein ! tu me comprends très bien. Si ce n'est pas honteux, à ton âge !... D'ailleurs je vais la flanquer dehors, celle-là.

Gaston. — Ben vrai !

Julia. — Tu te permets de lui écrire de la pension toutes les semaines.

Gaston. — Moi !

Julia, *tirant une lettre de sa poche*. — Et ça, qu'est-ce que c'est ?

Gaston, *à lui-même*. — Zut !

Julia, *lisant*. — Ma Titine... je pense à toi sans cesse ! Le jour... la nuit surtout !...

Gaston, *souriant*. — C'est des blagues.

Julia. — Il faut une maîtresse à monsieur !

Gaston. — T'as bien des amants !

Julia, *hors d'elle*. — Qu'est-ce... qu'est-ce que tu dis ?

Gaston, *très calme*. — Je dis : T'as bien des amants.

Julia, *hurlant*. — Ah ! j'ai des amants !... (*Elle saute dessus.*) J'ai... (*Coups de pied, gifles,* etc.) des... a... mants... !

Gaston. — Mais, bon sang, tu me fais mal !

Julia. — Petite saleté ! canaille !... mais si je... (*Dernière gifle*) n'en...

Gaston. — Aïe...

Julia. — ... avais pas... de quoi vivrais-tu !

GASTON. — V'là que je saigne du nez maintenant.

JULIA. — Saigne d'où tu voudras, je m'en fiche !... Non, c'est un peu violent ! je passe des nuits et des nuits... sans sommeil...! je me tue, tout cela pour que tu ne manques de rien... et voilà comme tu me récompenses !... Des amants...! mais quand j'avais dix-sept ans, moi, ingrat que tu es, je gagnais déjà ma vie !

GASTON. — T'es femme, tiens !

JULIA. — Oh ! petit malheureux !... Tu n'as donc pas honte de me parler ainsi !

GASTON. — Ben, si tu te figures que c'est drôle d'entendre tout ce que j'entends autour de moi !

JULIA. — Et qu'entends-tu, je te prie ?

GASTON. — Pas plus tard qu'hier, le type qui est à côté de moi en classe m'a demandé combien ça coûtait pour passer vingt-quatre heures avec toi.

JULIA, *très pâle et très émue.* — Il a osé !... Et... et qu'as-tu répondu ?

GASTON. — Je lui ai cassé quatre dents d'un coup de poing.

JULIA, *très fier.* — Bien, cela !

GASTON. — Et comme il ajoutait : C'est une grue... je l'ai à moitié étranglé.

JULIA, *en lui sautant au cou.* — Mon Gaston !...

mon enfant chéri !... tu l'aimes tout de même, ta mère, dis ?... tiens, voilà une pièce de dix francs, en or, puisque tu l'as si bien défendue !

Gaston. — Sûr que je t'aime !... dix francs !... La prochaine fois, je le crèverai si tu veux.

FIN

# TABLE

| | |
|---|---|
| Comme ils sont tous. | 1 |
| Les Draps de Geneviève. | 15 |
| L'Émeute. | 23 |
| Une Répétition au théâtre des Batignolles. | 27 |
| Le Téléphone ou la mort d'Ernest Legras. | 31 |
| L'Ennui. | 35 |
| L'Endroit. | 39 |
| La Maîtresse rêvée. | 43 |
| L'Infirme. | 47 |
| Scène de tous les jours. | 49 |
| Le Professeur. | 53 |
| Le Fils. | 55 |
| Les deux Cocottes. | 59 |
| Scène de tous les jours. | 63 |
| Scène de tous les jours. | 67 |
| La Confession. | 71 |
| Ho! le cochon. | 75 |
| Jamais deux sans trois. | 77 |
| Les deux Microbes. | 79 |
| Deux Braves. | 83 |
| Le Discours. | 87 |
| Les Bonnes Amies. | 91 |
| Les Candidats. | 97 |
| Scène de tous les jours. | 101 |
| Tranquillité perdue. | 105 |
| Le Bain de pieds. | 109 |
| Les Types chics. | 111 |
| Scène de tous les jours. | 115 |

| | |
|---|---|
| Scène de tous les jours. . . . . . . . . . . . . . . . . | 119 |
| L'Erreur. . . . . . . . . . . . . . . . . . . . . . . . . . . | 123 |
| Scène de tous les jours. . . . . . . . . . . . . . . . . | 127 |
| Scène de tous les jours. . . . . . . . . . . . . . . . . | 131 |
| Scène de tous les jours. . . . . . . . . . . . . . . . . | 135 |
| Scène de tous les jours. *La Chemise* . . . . . . . . | 139 |
| Scène de tous les jours. *L'Amour*. . . . . . . . . . | 143 |
| Scène de tous les jours. *La Rupture*. . . . . . . . | 147 |
| Scène de tous les jours. . . . . . . . . . . . . . . . . | 151 |
| Au bord de la Mer. . . . . . . . . . . . . . . . . . . . | 155 |
| Scène de tous les jours. *Scène plus rare que les autres.* | 159 |
| Le Chéri. . . . . . . . . . . . . . . . . . . . . . . . . . | 163 |
| Nos bons Directeurs. . . . . . . . . . . . . . . . . . . | 165 |
| Chez le Dentiste . . . . . . . . . . . . . . . . . . . . | 169 |
| L'Objet. . . . . . . . . . . . . . . . . . . . . . . . . . . | 173 |
| L'Ancienne. . . . . . . . . . . . . . . . . . . . . . . . | 177 |
| Les Gens calmes. . . . . . . . . . . . . . . . . . . . . | 179 |
| Le Vol. . . . . . . . . . . . . . . . . . . . . . . . . . . | 183 |
| La Femme mariée. . . . . . . . . . . . . . . . . . . . | 187 |
| L'Intrigué. . . . . . . . . . . . . . . . . . . . . . . . . | 191 |
| L'Habit. . . . . . . . . . . . . . . . . . . . . . . . . . . | 195 |
| Histoire de tous les jours. . . . . . . . . . . . . . . | 199 |
| L'Enfant. . . . . . . . . . . . . . . . . . . . . . . . . . | 203 |
| Les Gens pratiques. . . . . . . . . . . . . . . . . . . | 207 |
| Ces Dames au salon . . . . . . . . . . . . . . . . . . | 211 |
| Les Vierges. . . . . . . . . . . . . . . . . . . . . . . . | 219 |
| Le second Amant. . . . . . . . . . . . . . . . . . . . | 225 |
| Ces Dames. . . . . . . . . . . . . . . . . . . . . . . . | 231 |
| Pièce à faire. Scénario. . . . . . . . . . . . . . . . . | 237 |
| L'Achat. . . . . . . . . . . . . . . . . . . . . . . . . . . | 241 |
| Le Réveillon. . . . . . . . . . . . . . . . . . . . . . . | 245 |
| Les trois jeunes gens, la petite femme et le vieux juif. | 249 |
| Le Théâtre de la semaine. . . . . . . . . . . . . . . | 253 |
| Leurs Fils. Chapitre I. . . . . . . . . . . . . . . . . | 263 |
| Leurs Fils. Chapitre II. . . . . . . . . . . . . . . . . | 269 |
| Leurs Fils. Chapitre III. . . . . . . . . . . . . . . . | 275 |
| Leurs Fils. Chapitre IV. . . . . . . . . . . . . . . . | 281 |

SAINT-DENIS. — IMPRIMERIE H. BOUILLANT, 20, RUE DE PARIS.

# LIBRAIRIE PAUL OLLENDORFF

28 *bis*, rue de Richelieu, Paris

## DERNIÈRES NOUVEAUTÉS

Collection grand in-18 à 3 fr. 50 le volume

| | | |
|---|---|---|
| Alphonse ALLAIS......... | *On n'est pas des bœufs*.... | 1 vol. |
| BAUDE DE MAURCELEY..... | *Le Triomphe du Cœur*.... | 1 vol. |
| Robert DE BONNIÈRES..... | *Lord Hyland*............. | 1 vol. |
| Émile BERGERAT......... | *La Vierge*............... | 1 vol. |
| Jean CAROL.............. | *Sœur Jeanne*............. | 1 vol. |
| Jules CASE.............. | *L'Étranger*.............. | 1 vol. |
| Théodore CAHU.......... | *L'Oasis*................. | 1 vol. |
| Félicien CHAMPSAUR..... | *Le Mandarin*............. | 3 vol. |
| Catulle MENDÈS......... | *Le Chemin du cœur*....... | 1 vol. |
| Marion CRAWFORD....... | *Sant'Ilario*.............. | 2 vol. |
| Paul CUNISSET.......... | *Étrange Fortune*......... | 1 vol. |
| Pierre DENIS........... | *Le Mémorial de St-Brelade* | 1 vol. |
| Maurice DONNAY........ | *Chères Madames*......... | 1 vol. |
| Paul FÉVAL Fils........ | *Les Jumeaux de Nevers*.. | 2 vol. |
| Paul FOUCHER.......... | *Réchain, avare*.......... | 1 vol. |
| Paul GAULOT........... | *Henriette Busseuil*....... | 1 vol. |
| Abel HERMANT......... | *Le Sceptre*.............. | 1 vol. |
| Maurice LEBLANC...... | *L'œuvre de mort*........ | 1 vol. |
| Pierre MAËL........... | *Celles qui savent aimer*.. | 1 vol. |
| René MAIZEROY........ | *Journal d'une Rupture*... | 1 vol. |
| J. MARNI............. | *Comment elles se donnent*.. | 1 vol. |
| Eugène MOUTON....... | *Le Supplice de l'Opulence*. | 1 vol. |
| Gabriel MOUREY....... | *Les Brisants*............. | 1 vol. |
| Eugène MOREL......... | *Artificielle*.............. | 1 vol. |
| Georges OHNET........ | *La Dame en Gris*........ | 1 vol. |
| Joséphin PELADAN..... | *Mélusine*................ | 1 vol. |
| Georges de PEYREBRUNE. | *Les Aimées*.............. | 1 vol. |
| Jean RAMEAU.......... | *Le Cœur de Régine*...... | 1 vol. |
| SCHALCK DE LA FAVERIE.. | *Sauvée!*................ | 1 vol. |
| Pierre VALDAGNE....... | *Variations sur le même air*.. | 1 vol. |
| Fernand VANDÉREM..... | *Le Chemin de Velours*... | 1 vol. |
| Jane DE LA VAUDÈRE.... | *Ambitieuse*.............. | 1 vol. |

Envoi franco du Catalogue complet de la Librairie Paul Ollendorff

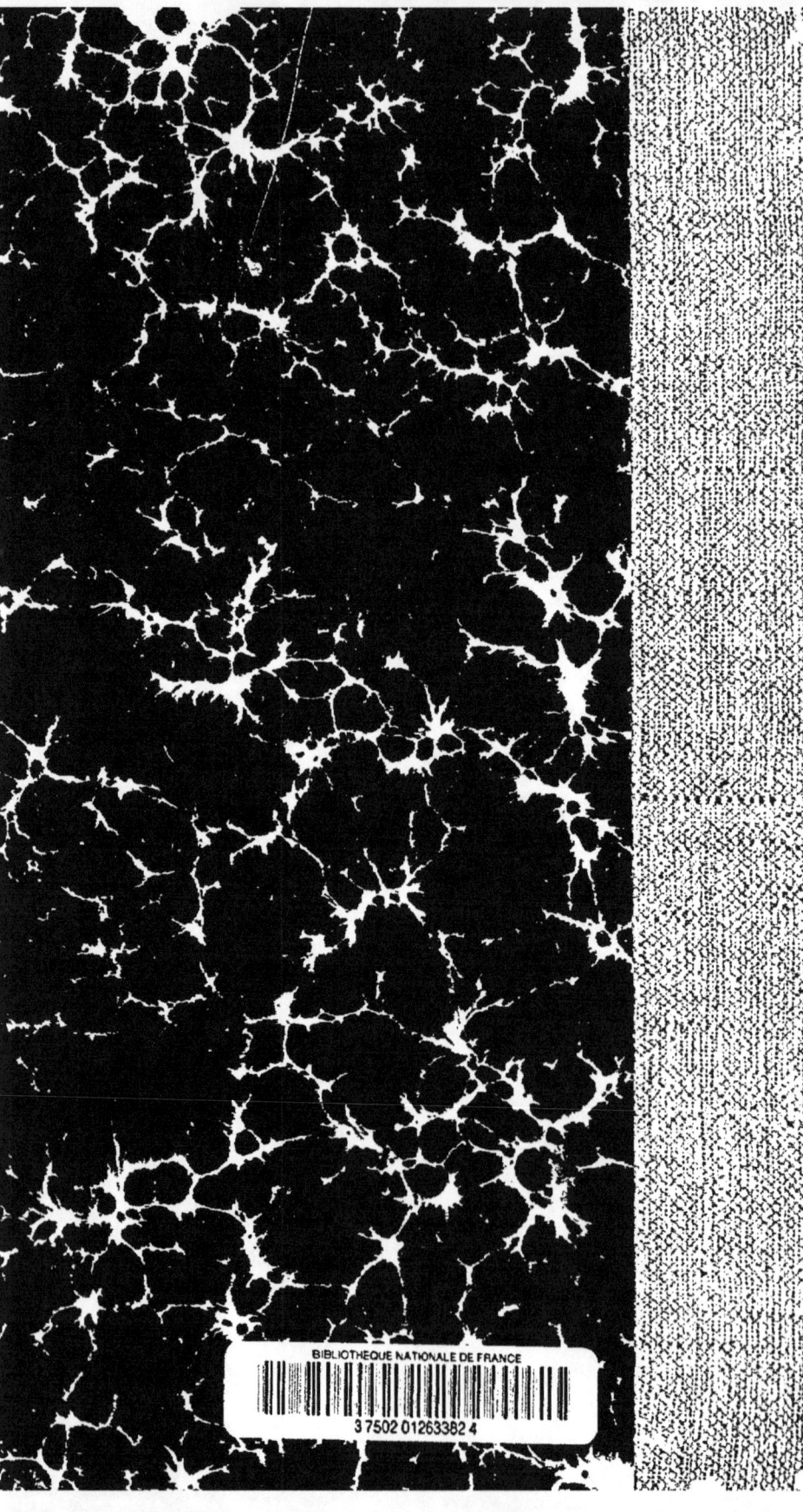